中国石化人力资源管理信息系统用户手册

指标体系及信息集成应用

李堂亮　主编

中国石化出版社

图书在版编目（CIP）数据

指标体系及信息集成应用 / 李堂亮主编. —北京：
中国石化出版社，2015.10（2022.1 重印）
（中国石化人力资源管理信息系统用户手册）
ISBN 978-7-5114-3642-9

Ⅰ.①指… Ⅱ.①李… Ⅲ.①石油化工企业-人力资源管理-管理信息系统-中国-手册 Ⅳ.①F426.22-62

中国版本图书馆 CIP 数据核字（2015）第 222062 号

中国石化出版社出版发行

地址：北京市东城区安定门外大街 58 号
邮编：100011　电话：(010)57512500
发行部电话：(010)57512575
http://www.sinopec-press.com
E-mail：press@sinopec.com
北京艾普海德印刷有限公司印刷
*
787×1092 毫米 16 开本 13 印张 310 千字
2015 年 10 月第 1 版　2022 年 1 月第 2 次印刷
定价：52.00 元

《指标体系及信息集成应用》
编审人员名单

主　编： 李堂亮

副主编： 张亚伟　孙军峰　刘海涛

编　审： 赵婷婷　杨应忠　李伟光
李　肃　邹　强　李　宁
王文颖　黄友林　栾　图

前　言

推进人力资源管理信息化，是提升人力资源管理水平的重要基础工作和有效手段。按照中国石化信息化“六统一”原则和实施SAP ERP为主线的信息化建设总体战略部署，人力资源管理信息化建设采用SAP ERP系统的HR子模块，于2009年4月开始建设，经历了扩大试点、分步推广，于2012年11月全面上线正式运行。

中国石化人力资源管理信息系统(以下简称“HR系统”)采取服务器大集中管理的模式，由总部主导建设工作，统一进行标准模板的规划设计，统筹推动系统的推广实施。通过建设业务处理平台和综合应用平台，实现人力资源业务在线监控、过程管理、业务操作、查询统计、综合分析五大核心功能，涵盖组织机构管理、干部管理、人才管理、劳动用工和日常人事管理、薪酬和人工成本管理、培训管理等人力资源管理业务，初步建成了中国石化标准化、规范化、制度化、流程化的人力资源管理信息系统。

HR系统正式上线运行以来，全面开展了以人力资源业务驱动HR系统深化应用。中国石化各级组织机构及各类用工、离退休人员纳入系统管理，在线应用基本形成了各类人力资源业务在线操作、关键业务在线审批的流程管理、主要指标在线管控、人事业务综合分析应用及查询统计等应用现状，为中国石化总部及直属单位各级人力资源部门日常业务及领导决策提供及时便捷地服务支撑，实现了促进各类人力资源优化配置和开发利用、提高业务管控水平和决策水平、促进规范管理和防范风险、减少日常工作强度提高工作效率的HR系统应用目的。

在HR系统推广应用过程中，知识的转移主要采用了集中培训、专题培训、现场培训、在线答疑等方式。期间，HR系统运维部门对各模块的用户手册不断完善，对培训及应用过程中用户反映出的问题进行了整理归纳并发布应用。随着HR系统应用逐步常态化，有必要对各功能模块的用户手册进行系统性、规范性整理，编印《中国石化人力资源管理信息系统用户手册》丛书工作，作为HR项目建设的规范文档、各级人力资源部门培训的资料、各级用户HR系统的应用指南。2014年以来，编写了《基础知识及综合应用》《劳动组织及日常人事管理》《领导人员及人才队伍管理》《考勤及薪酬保险管理》《指标体系及信息集成应用》

5 个业务分册。

用户手册的编审及出版工作由钟文标、李堂亮负责，徐小华、王雯、孙军峰、刘跃文参与了具体组织工作。本手册为《指标体系及信息集成应用》分册，包括 HR 系统数据指标体系介绍、HR 系统与培训系统、ERP& 会计集中核算系统、领管系统、中国石化信息标准化管理系统、招聘网站等集成内容。除所列出的编审人员外，HR 项目顾问邓辉、李美怡等也参与本手册编写。还有许多关心支持 HR 系统建设工作的同仁对用户手册编写工作提出了宝贵的意见和建议，无法一一列举，在此表示衷心的感谢！由于编写人员水平有限，疏漏和谬误在所难免，敬请批评指正。

目　　录

绪　论

中国石化人力资源管理信息系统指标体系(以下简称指标体系)，是中国石化人力资源信息化建设唯一权威性的指标体系，是中国石化人力资源管理信息系统(以下简称 HR 系统)建设和应用的基础。

指标体系建立遵循系统性、完备性、规范性原则，综合考虑中国石化现行人力资源管理业务(包括人力资源相关制度、管理规定、业务流程、各类业务表单及定期报表等)、人事信息指标有关国家标准、系统功能及与其他相关系统集成等因素。

指标体系由信息类、信息集、信息项、信息值(码表或手工填报值)4 个层级构成。按照人力资源管理业务领域，将各类信息指标划分为不同的信息类；对每个信息类按照具体业务分类划分为不同的信息集；对每个信息集按照业务项目划分为若干信息项；信息项包含具体信息值，信息值以录入值或码表值形式展现。HR 系统指标体系共包含 9 个信息类、122 个信息集、1024 个信息项、213 个码表、15618 个码表值。具体见表 0-1。

表 0-1　指标体系层级构成

序号	类　别	信息集个数	信息项个数
1	组织机构类	18	146
2	职务(岗位)类	6	49
3	人员基本情况类	16	151
4	任职情况及劳动关系类	19	179
5	资质发展类	22	161
6	培训类	7	113
7	考核奖惩类	8	54
8	时间管理类	8	26
9	薪酬保险类	18	145
总计		122	1024

第 1 章　信息集和信息项

信息类	序号	信息集名称	信息项个数
组织机构类	1	单位自然情况	39
	2	机构编制情况	5
	3	定员编制情况	5
	4	用工总量计划信息	7
	5	人力资源需求计划信息	12
	6	领导班子情况	4
	7	党组织换届情况	13
	8	董事会/监事会换届情况	7
	9	工会换届情况	7
	10	民主生活会情况	6
	11	中心组学习情况	6
	12	加油站信息	11
	13	油品销售企业单位属性	3
	14	档案设施	6
	15	项目部信息	3
	16	博士后站信息	2
	17	海外机构信息	5
	18	单位通讯信息	5
职务(岗位)类	19	岗位设置情况	13
	20	岗位分类信息	9
	21	海外岗位属性信息	2
	22	岗位任职条件	12
	23	计划薪酬信息	6
	24	岗薪联动信息	7

续表

信息类	序号	信息集名称	信息项个数
人员基本情况类	25	人员基本信息	48
	26	学历及学位信息	16
	27	政治面貌信息	2
	28	工作经历信息	5
	29	简历信息	5
	30	证件信息	6
	31	出国(境)情况	9
	32	工伤信息	7
	33	考察(疗养)情况	4
	34	家庭成员及社会关系	11
	35	住址通讯信息	7
	36	体检信息	2
	37	集团公司外派海外用工信息	6
	38	军队复转人员信息	16
	39	其他用工情况	3
	40	博士后研究人员信息	4
任职情况与劳动关系类	41	行政党派职务信息	27
	42	兼任职务情况	8
	43	社会(学术)团体任职情况	4
	44	后备领导人员信息	8
	45	人员增减变化情况	13
	46	岗位聘任补充信息	21
	47	从事职业(工种)情况	8
	48	劳动合同信息	13
	49	劳动争议情况	2
	50	员工协议信息	6
	51	项目部人员信息	9
	52	借调(借聘)人员信息	9
	53	离退休人员情况	14

续表

信息类	序号	信息集名称	信息项个数
任职情况与劳动关系类	54	培训机构人员情况	3
	55	人事档案建档信息	5
	56	档案目录情况	6
	57	档案转递情况	10
	58	档案查(借)阅情况	8
	59	人事业务提醒信息	5
资质发展类	60	职称外语考试成绩信息	6
	61	职称计算机考试成绩信息	4
	62	专业技术工作情况	13
	63	专业技术成果及获奖情况	13
	64	专利情况	6
	65	论文、论著信息	6
	66	专家称号信息	6
	67	专业技术职务任职资格情况	10
	68	专业技术职务聘任信息	3
	69	职业技能鉴定申报信息	5
	70	高级技师评审申报信息	3
	71	职业技能鉴定成绩信息	14
	72	职业技能鉴定结果信息	8
	73	职业技能资格聘任信息	4
	74	职业(上岗)资格证书信息	10
	75	职业技能鉴定考评员资格(聘任)信息	8
	76	技能荣誉情况	10
	77	职业技能竞赛信息	8
	78	语言能力信息	14
	79	专长情况	3
	80	业绩情况概述	2
	81	师带徒情况	5

续表

信息类	序号	信息集名称	信息项个数
培训类	82	培训需求情况	12
	83	培训计划信息	27
	84	培训办班情况	28
	85	员工参加培训情况	18
	86	员工参加远程教育情况	10
	87	内部讲师信息	6
	88	外部培训教师情况	12
考核奖惩类	89	职代会民主评议领导班子情况	11
	90	领导班子考核信息	6
	91	领导班子综合考核评价情况	5
	92	领导班子巡视情况	3
	93	领导干部考核考察情况	4
	94	单位绩效考核情况	6
	95	员工考核信息	11
	96	奖惩(行政及党内)信息	8
时间管理类	97	计划工作时间情况	1
	98	出勤信息	5
	99	缺勤及休假信息	5
	100	替班信息	2
	101	加班信息	4
	102	出勤定额信息	3
	103	缺勤及休假定额信息	2
	104	考勤结果信息	4
薪酬保险类	105	人工成本计划信息	11
	106	人工成本实际发生情况	11
	107	单位人工成本手工录入信息	5
	108	总部工资总额控制信息	11
	109	企业工资总额控制信息	9
	110	基本工资情况	8

续表

信息类	序号	信息集名称	信息项个数
薪酬保险类	111	奖金情况	3
	112	津、补贴情况	2
	113	总部统计工资项信息	2
	114	基本社会保险信息	19
	115	补充医疗保险信息	8
	116	企业年金	12
	117	住房公积金信息	16
	118	个人所得税信息	6
	119	银行账户信息	6
	120	基本薪酬运行区间	8
	121	岗薪联动人员资质信息	4
	122	财务集成	4

信息项一般由名称、数据类型和长度、指标解释、维护要求、关联码表组成，其中，数据类型和长度的含义如下：

数据类型	数据类型说明	示例	示例说明
CHAR	字符类型，采用UNICODE编码方式，一个字符对应一个汉字	CHAR(100)	长度为100的字符串，最长可存储100个汉字或字符
NUMC	只有数字的字符串，少于定义长度的数据会在前面补0存储	NUMC(8)	有8位数字的字符串，例如：00000123
DEC	计数器或带有小数位和正负号的数值	DEC(7，2)	长度为7的数字，其中5个整数位，2个小数位，例如：12345.67
DATS	日期类型，长度为8，格式为“yyyymmdd”，4位年，2位月，2位日	DATS(8)	长度为8的日期类型，例如：20091201，表示2009年12月1日
TIMS	时间类型，长度为6位，格式为“hhmmss”，2位小时数，2位分钟数，2位秒数	TIMS(6)	长度为6的时间类型，例如：180130，表示18时1分30秒
CURR	金额类型，作为DEC字段存储，通常与货币类型一起使用	CURR(13，2)	长度为13的金额，其中11个整数位，2个小数位，例如：12345678901.23

1.1　组织机构类

1.1.1　单位自然情况

序号	信息项					关联码表
	名称	类型	长度	指标解释	维护要求	
1	机构编码	NUMC	8	指机构的标准代码	必填。由信息标准化管理系统集成	
2	单位全称	CHAR	40	指单位的完整名称	必填。须与信息标准化管理系统单位全称一致	
3	单位简称	CHAR	12	指本级单位常用的规范简称	必填。原则上只含本级单位；各级管理机关的简称统一维护为“管理机关”	
4	单位简化全称	CHAR	40	原则上体现本级和直接上级的简称	必填。本级为合并机构、直属单位时，直接使用本级机构简称；本级为虚机构时，直接使用逐级向上的第一个实机构简称；本级为实机构、上级为虚机构时，由本级简称和上级第一个实机构简称构成；存在四级及以下单位的，简化全称应包含二级单位简称	
5	虚机构标识	CHAR	1	用于标识因管理需要在系统中设立的非正式批复的机构	系统默认为否，管理机关、领导班子、助理/副总师等虚机构须维护为“是”	CT910
6	隶属上级单位	CHAR	12	指上一级的实单位	必填。从系统选择上级单位	
7	集团/股份标识	CHAR	4	用于标识该单位隶属于集团公司或股份公司	直属单位、分(子)公司必填	CT109
8	所属板块	CHAR	2	指单位主要业务所对应的业务板块	直属单位、分(子)公司必填	CT110
9	事业部类别	CHAR	1	用于标识股份公司所属的事业部类型	直属单位、分(子)公司及二级单位必填。下级单位与上级单位所属事业部类型不一致时，下级单位必填	CT111
10	机构层次	CHAR	2	指单位所在的物理层级，与单位的行政级别无关	必填。“领导班子”、“助理/副总师”等虚机构统一维护为相应层级；“其他人员”、“内退”、“离退休”等虚机构不作要求；直属单位机关附属下设机构中，机关填写直属单位机关附属内设机关部门，其他机构填写三级单位，二级单位机关附属下设机构参照维护	CT114

续表

序号	信息项					关联码表
	名称	类型	长度	指标解释	维护要求	
11	单位级别	CHAR	1	指由机构编制管理部门批准的行政级别	副科级及以上单位必填	CT108
12	单位业务类别	CHAR	3	指单位所从事的主要业务分类	维护到各级机关部门、处室、科室、车间、队、站等	CT112
13	单位业务大类	CHAR	2	指单位业务类别的属性，具体包括主营业务、辅助业务、后勤服务及其他	由系统根据单位业务类别自动带出	CT113
14	单位业务分布	CHAR	3	指单位主要业务的分布情况，具体分为管理机关、机关附属管理职能、机关附属服务职能、主要生产单位、辅助生产单位、后勤服务单位及其他	“单位业务类别”不为空时必填。维护到各级机关部门、处室、科室、车间、队、站等填写管理机关，直属单位机关附属单位填写机关附属	CT134
15	基层单位特有属性	CHAR	4	指基层机构（车间、队、站等）的主要业务属性。分为基层机构类别大类和基层机构类别小类	基层机构必填	CT116
16	机关部门管理职能分类	CHAR	2	指机关部门按照主要管理职能划分的类别	各级管理机关的职能部门、处室、科室及机关附属单位必填	CT115
17	分流单位类型	CHAR	1	用于标识财务并表单位或财务非并表单位	分流单位必填。仅限分流单位整体机构填写	CT117
18	单列管理单位标识	CHAR	1	用于标识总部单列管理单位。单列管理单位是指经总部认定并在核定下达有关单位工资总额和人工成本控制指标内的单列计划全资或控股企业	单列管理单位须填写“是”	CT910
19	境内国际化经营机构标识	CHAR	1	用于标识境内从事或部分从事国际化经营业务的机构	属于国际化经营业务的境内机构须填写“是”	CT910
20	企/事业单位标识	CHAR	1	用于标识企业或事业单位	直属单位、分（子）公司、独立法人单位必填	CT105
21	所属行业	CHAR	3	指集团公司及所属法人单位[直属单位、股份公司分（子）公司]的所属行业	直属单位、分（子）公司、独立法人单位必填	CT103
22	经济类型	CHAR	3	用于区分单位所有制性质和经营方式	直属单位、分（子）公司、独立法人单位必填	CT104
23	企业规模类型	CHAR	1	根据不同行业的企业从业人员数、销售额、资产总额大小划分的企业类别	直属单位、分（子）公司、独立法人单位必填	CT107
24	培训机构标识	CHAR	1	用于标识培训机构	培训机构须填写“是”。仅限培训单位整体机构填写	CT910
25	法人单位代码	CHAR	10	指法人单位在工商注册时由国家质检总局核定的机构代码	独立法人单位必填	

续表

序号	信息项					关联码表
	名称	类型	长度	指标解释	维护要求	
26	所在国家(地区)	CHAR	2	指单位主要办公所在地国家(地区)的名称	直属单位、分(子)公司、独立法人必填；下级机构与上级机构不一致时必填	CT102
27	单位所在地	CHAR	6	指单位主要办公所在地省(自治区、直辖市)、地(自治州、盟)、县(市、旗)	国内的二级单位及以上必填	CT101
28	批准日期	DATS	8	指批准本单位最新成立的日期	填写本单位最新成立的日期	
29	批准文号	CHAR	20	指批准本单位最新成立的批文文号	填写本单位最新成立的批文文号	
30	法定代表人	CHAR	20	指企业营业执照中登记的法定代表人	法人单位必填	
31	工商登记执照号码	CHAR	20	指单位工商登记执照上的编码	工商登记的单位填写	
32	工商登记执照种类	CHAR	1	指单位工商登记执照上的类型	工商登记的单位填写	CT106
33	注册登记地址	CHAR	40	指单位工商登记执照上的注册登记地址	工商登记的单位填写	
34	单位社会保险编码	CHAR	20	指单位的社会保险登记证上的编码	直属单位、分(子)公司必填	
35	单位住房公积金账号	CHAR	30	指单位的住房公积金的账户号码	直属单位、分(子)公司必填	
36	集体合同签订情况	CHAR	1	指集体合同签订或者未签订	设立工会的独立核算单位填写	CT227
37	企业简介	CHAR	1000	指单位简要情况的介绍	直属单位、分(子)公司必填。按照单位的历史沿革、基本情况、业务范围、近三年来生产经营情况、获奖情况等五个方面撰写	
38	机构自定义分类 1	CHAR	4	企业自用		
39	机构自定义分类 2	CHAR	4	企业自用		

1.1.2　机构编制情况

序号	信息项					关联码表
	名称	类型	长度	指标解释	维护要求	
1	机构层次	CHAR	2	详见 1.1.1 单位自然情况第 10 项		CT114
2	机构数	DEC	6	指批复成立的机构总数	必填。没有下达编制的，按现状填写	
3	批准文号	CHAR	20	详见 1.1.1 单位自然情况第 29 项		
4	批准日期	DATS	8	详见 1.1.1 单位自然情况第 28 项		
5	备注	CHAR	100			

1.1.3 定员编制情况

序号	信息项					关联码表
	名称	类型	长度	指标解释	维护要求	
1	定员总数	DEC	8	指岗位编制管理部门批准的该机构定员总数		
2	岗位分类	CHAR	20	指按照企业定员管理工作实际情况对岗位的分类		
3	岗位定员	DEC	8	指岗位编制管理部门批准该岗位的定员数		
4	批准文号	CHAR	20	指批准该机构定员的文件号		
5	批准日期	DATS	8	指批准该机构定员的日期		

1.1.4 用工总量计划信息

序号	信息项					关联码表
	名称	类型	长度	指标解释	维护要求	
1	用工总量计划类型	CHAR	1	分为用工总量控制目标和年度用工考核指标	由计划下达单位维护	CT501
2	用工总量计划总人数	DEC	8		由计划下达单位维护	
3	其中：用工形式分类	CHAR	2	指纳入用工总量管理的用工分类	由计划下达单位维护	CT201
4	人数	DEC	8	指与各类用工形式对应的人数	由计划下达单位维护	
5	批准文号	CHAR	20		有批准文件的填写	
6	下达(调整)日期	DATS	8		由计划下达单位维护	
7	备注	CHAR	100	指记录用工总量计划的依据等相关信息	由计划下达单位维护	

1.1.5 人力资源需求计划信息

序号	信息项					关联码表
	名称	类型	长度	指标解释	维护要求	
1	年度	CHAR	4		由计划上报单位维护	
2	需求计划总人数	DEC	8		由计划上报单位维护	
3	用工形式分类	CHAR	2	指纳入需求计划管理的用工形式	由计划上报单位维护	CT201
4	人数	DEC	6	指不同用工形式对应的人数	由计划上报单位维护	
5	预计减员渠道	CHAR	2	指预计减员的方式，包括自然减员及其他减员等	由计划上报单位维护	CT504
6	人数	DEC	6	指不同减员渠道对应的人数	由计划上报单位维护	

续表

序号	信息项					关联码表
	名称	类型	长度	指标解释	维护要求	
7	职工增补渠道	CHAR	2	指用工的增补渠道，包括本科及以上学历高校毕业生、大专高职毕业生、转业和复员退伍军人等	由计划上报单位维护	CT505
8	人数	DEC	6	指与不同增补渠道对应的人数	由计划上报单位维护	
9	所需专业分类	CHAR	2	指引进毕业生所学专业的分类	由计划上报单位维护	CT506
10	所学专业	CHAR	6	指引进毕业生所学专业的名称	由计划上报单位维护	CT213
11	批准文号	CHAR	20		有批准文件的填写	
12	备注	CHAR	100	指对学历要求、专业要求、急需程度等情况的说明	由计划上报单位维护	

1.1.6　领导班子情况

序号	信息项					关联码表
	名称	类型	长度	指标解释	维护要求	
1	领导班子管理层级	CHAR	1	指本级机构的领导班子管理层级，也可用于区分机构的级别	副科级及以上机构必填	CT301
2	发文文号	CHAR	20		党组管理的班子必填	
3	发文时间	DATS	8		党组管理的班子必填	
4	分工内容	CHAR	1500	指班子成员分工的简要描述	党组管理的班子必填	

1.1.7　党组织换届信息

序号	信息项					关联码表
	名称	类型	长度	指标解释	维护要求	
1	召开党代会日期	DATS	8		设立各级党组织的单位填写，由组织人事部门维护，直属单位在合并机构中维护	
2	届次	DEC	2		设立各级党组织的单位填写，由组织人事部门维护，直属单位在合并机构中维护	
3	党组织名称	CHAR	40	指现党组织的简称	设立各级党组织的单位填写，由组织人事部门维护，直属单位在合并机构中维护	
4	组建日期	DATS	8	指党组织组建的起始日期	设立各级党组织的单位填写，由组织人事部门维护，直属单位在合并机构中维护	

续表

序号	信息项					关联码表
	名称	类型	长度	指标解释	维护要求	
5	组成形式	CHAR	1	分为实行党委常委制和实行党委委员制	设立各级党组织的单位填写，由组织人事部门维护，直属单位在合并机构中维护	CT118
6	书记	CHAR	10	指时任党组织书记姓名	设立各级党组织的单位填写，由组织人事部门维护，直属单位在合并机构中维护	
7	副书记	CHAR	30	指时任党组织副书记姓名	设立各级党组织的单位填写，由组织人事部门维护，直属单位在合并机构中维护	
8	常委或委员构成描述	CHAR	100	指时任党委常委或委员	设立各级党组织的单位填写，由组织人事部门维护，直属单位在合并机构中维护。姓名之间用顿号分开	
9	纪委名称	CHAR	40	指纪委的组织名称简称	设立各级党组织的单位填写，由组织人事部门维护，直属单位在合并机构中维护	
10	纪委组建日期	DATS	8	指纪委组建的起始日期	设立各级党组织的单位填写，由组织人事部门维护，直属单位在合并机构中维护	
11	纪委书记	CHAR	10	指时任纪委书记姓名	设立各级党组织的单位填写，由组织人事部门维护，直属单位在合并机构中维护	
12	纪委副书记	CHAR	20	指时任纪委副书记姓名	设立各级党组织的单位填写，由组织人事部门维护，直属单位在合并机构中维护	
13	纪委常委或委员构成描述	CHAR	100	指时任纪委常委、委员全体成员	设立各级党组织的单位填写，由组织人事部门维护，直属单位在合并机构中维护。姓名之间用顿号分开	

1.1.8 董事会/监事会换届情况

序号	信息项					关联码表
	名称	类型	长度	指标解释	维护要求	
1	召开董事会/监事会日期	DATS	8		设立董事会的单位填写，由组织人事部门维护	
2	届次	DEC	2		设立董事会的单位填写，由组织人事部门维护	
3	董事长	CHAR	10	指时任董事长姓名	设立董事会的单位填写，由组织人事部门维护	

续表

序号	信息项					关联码表
	名称	类型	长度	指标解释	维护要求	
4	副董事长	CHAR	50	指时任副董事长姓名	设立董事会的单位填写，由组织人事部门维护	
5	董事会构成描述	CHAR	100	指时任董事会成员	设立董事会的单位填写，由组织人事部门维护。姓名之间用顿号分开	
6	监事会主席或召集人	CHAR	10	指时任监事会主席或召集人姓名	设立监事会的单位填写，由组织人事部门维护	
7	监事会构成描述	CHAR	100	指时任监事会成员	设立监事会的单位填写。由组织人事部门维护。姓名之间用顿号分开	

1.1.9　工会换届情况

序号	信息项					关联码表
	名称	类型	长度	指标解释	维护要求	
1	工会名称	CHAR	40	指本单位工会名称的简称	设立工会的单位填写，由组织人事部门维护	
2	工会成立日期	DATS	8	指工会成立的起始日期	设立工会的单位填写，由组织人事部门维护	
3	召开工代会日期	DATS	8	指召开工会代表大会的日期	设立工会的单位填写，由组织人事部门维护	
4	届次	DEC	2		设立工会的单位填写，由组织人事部门维护	
5	工会主席	CHAR	10	指时任工会主席的姓名	设立工会的单位填写，由组织人事部门维护	
6	工会副主席	CHAR	20	指时任工会副主席的姓名	设立工会的单位填写，由组织人事部门维护。存在多人的情况下姓名之间用顿号分开	
7	工会委员名单	CHAR	300	指时任工会委员的姓名	设立工会的单位填写，由组织人事部门维护。成员姓名之间用顿号分开	

1.1.10　民主生活会情况

序号	信息项					关联码表
	名称	类型	长度	指标解释	维护要求	
1	召开日期	DATS	8		直属单位领导班子民主生活会必填，由组织人事部门维护	
2	民主生活会主题	CHAR	100		直属单位领导班子民主生活会必填，由组织人事部门维护	

续表

序号	信息项					关联码表
	名称	类型	长度	指标解释	维护要求	
3	参加人员	CHAR	80	指参加民主生活会的成员	直属单位领导班子民主生活会必填，由组织人事部门维护。姓名之间用顿号分开	
4	缺席人员及原因	CHAR	50	指未参加民主生活会的人员姓名及缺席原因	直属单位领导班子民主生活会必填，由组织人事部门维护	
5	上一级领导及部门参加情况	CHAR	50	指参加民主生活会的上一级部门名称及领导姓名	直属单位领导班子民主生活会必填，由组织人事部门维护	
6	列席人员	CHAR	50	指列席民主生活会成员	直属单位领导班子民主生活会必填，由组织人事部门维护。姓名之间用顿号分开	

1.1.11 中心组学习情况

序号	信息项					关联码表
	名称	类型	长度	指标解释	维护要求	
1	召开日期	DATS	8		直属单位及以上的级别的必填，由组织人事部门维护	
2	学习形式	CHAR	1	分为集中学习和个人自学	直属单位及以上的级别的必填，由组织人事部门维护	CT119
3	参加人员	CHAR	150	指参加中心组学习的成员	直属单位及以上的级别的必填，由组织人事部门维护。姓名之间用顿号分开	
4	缺席人员及原因	CHAR	50	指未参加中心组学习的人员姓名及缺席原因	直属单位及以上的级别的必填，由组织人事部门维护	
5	学习主要内容	CHAR	100		直属单位及以上的级别的必填，由组织人事部门维护	
6	学时数	DEC	4，1		直属单位及以上的级别的必填，由组织人事部门维护	

1.1.12 加油站信息

序号	信息项					关联码表
	名称	类型	长度	指标解释	维护要求	
1	加油站属性	CHAR	3	指加油站的经营性质	仅限加油站填写	CT128
2	加油站规模	CHAR	50	指加油站人员、设备、销售量的规模等情况	仅限加油站填写	
3	加油站日均营业时间	CHAR	2	按月计算平均值	仅限加油站填写	CT133

续表

序号	信息项					关联码表
	名称	类型	长度	指标解释	维护要求	
4	加油站类型	CHAR	1	指加油(加气)站的分类	仅限加油站填写	CT129
5	加油站地理属性	CHAR	2	指加油站设立的地理位置	仅限加油站填写	CT130
6	星级	CHAR	1	指加油站达标等级	仅限加油站填写	CT131
7	加油站营业状态	CHAR	1	分为在营、暂时歇业、永久关闭三种状态	仅限加油站填写	CT132
8	日开始营业时间	TIMS	6		仅限加油站填写	
9	日结束营业时间	TIMS	6		仅限加油站填写	
10	设便利店标识	CHAR	1	用于标识加油站是否设立便利店	仅限加油站填写	CT910
11	设售卡网点标识	CHAR	1	用于标识加油站是否设立售卡网点	仅限加油站填写	CT910

1.1.13　油品销售企业单位属性

序号	信息项					关联码表
	名称	类型	长度	指标解释	维护要求	
1	油品销售企业行政属性	CHAR	2	分为省级单位和地级单位	仅限油品销售企业填写	CT125
2	油品销售企业业务属性	CHAR	2	指单位的层级和业务	仅限油品销售企业填写	CT126
3	油品销售企业管理层级	CHAR	1	分为一级管理和二级管理	仅限油品销售企业填写	CT127

1.1.14　档案设施

序号	信息项					关联码表
	名称	类型	长度	指标解释	维护要求	
1	档案室(管档机构)名称	CHAR	40	指档案室(管档机构)的简称		
2	设施及设备名称	CHAR	2	指档案库房基础设施及设备的名称	可多选	CT906
3	数量或面积	DEC	7，2	指档案库房基础设施及设备的数量或面积		
4	审核验收日期	DATS	8	指档案库房基础设施及设备审核验收的日期		
5	审核结果	CHAR	2	分为合格和不合格		CT907
6	档案审核批准机关	CHAR	40			

1.1.15 项目部信息

序号	信息项					关联码表
	名称	类型	长度	指标解释	维护要求	
1	项目部类型	CHAR	2	指项目部所在地区和业务分类	仅限矩阵式管理的国内、海外项目部填写	CT141
2	项目级别	CHAR	1	指项目的管理层级	仅限矩阵式管理的国内、海外项目部填写	CT124
3	项目规模	CHAR	1	指项目的人员、资产和产能规模，分为特大型、大型、中型、小型	仅限矩阵式管理的国内、海外项目部填写	CT142

1.1.16 博士后站信息

序号	信息项					关联码表
	名称	类型	长度	指标解释	维护要求	
1	批准建站日期	DATS	8		仅限博士后站填写	
2	博士后站类别	CHAR	1	分为工作站和流动站	仅限博士后站填写	CT123

1.1.17 海外机构信息

序号	信息项					关联码表
	名称	类型	长度	指标解释	维护要求	
1	海外机构注册名称	CHAR	40	指在海外注册的中文和外文机构全称	仅限海外机构填写	
2	海外机构类型	CHAR	2	指海外机构的经营运作方式及管理模式	仅限海外机构填写	CT121
3	海外机构执行外派薪酬分类	CHAR	2	分为A类、B类、C类	仅限海外分(子)公司、合资公司填写	CT136
4	海外机构业务类别	CHAR	2	指海外单位所从事的主要业务分类	仅限海外机构填写	CT137
5	离岸公司标识	CHAR	1	用于标识机构是否属于离岸公司。离岸公司指在离岸法域内依据离岸公司法规范注册成立，只能在公司注册地以外法域从事经营的公司	仅限离岸公司填写。离岸公司须维护为“是”	CT910

1.1.18 单位通讯信息

序号	信息项					关联码表
	名称	类型	长度	指标解释	维护要求	
1	单位通讯地址	CHAR	50	指单位主要办公所在地地址	直属单位、分(子)公司必填	
2	单位邮政编码	CHAR	6	指单位主要办公所在地区邮政编码	直属单位、分(子)公司必填	

续表

序号	信息项					关联码表
	名称	类型	长度	指标解释	维护要求	
3	单位电话号码	CHAR	20	指单位主要联系电话号码	直属单位、分(子)公司必填	
4	单位传真号码	CHAR	20	指单位主要传真电话号码	直属单位、分(子)公司必填	
5	单位网址	CHAR	50	指单位的互联网域名或 IP 地址	直属单位、分(子)公司必填	

1.2　职务(岗位)类

1.2.1　岗位设置情况

序号	信息项					关联码表
	名称	类型	长度	指标解释	维护要求	
1	岗位编码	NUMC	8	指系统区分岗位的标识	初始数据采集时，由总部统一划分岗位编号区间；系统上线后，设立时自动带出	
2	岗位名称	CHAR	12	包括全称和简称	必填	
3	直接上级岗位	CHAR	12	指该岗位直接上级岗位简称		
4	直接隶属单位	CHAR	12	指该岗位直接隶属的机构	必填。选择输入	
5	岗位职责简述	CHAR	100	指对该岗位主要职责的描述		
6	工作环境	CHAR	50	指对该岗位所在工作环境的简要描述	工作环境特殊的岗位必填	
7	敏感岗位标识	CHAR	1	用于标识敏感岗位	敏感岗位须填写“是”	CT910
8	涉密岗位标识	CHAR	1	用于标识涉密岗位	涉密岗位须填写“是”	CT910
9	虚岗位标识	CHAR	1	用于标识虚岗位	虚岗位须填写“是”。对纳入系统管理的各类不在岗人员、系统外人员设置统一的虚岗位。虚岗位是指根据管理需要而设立的没有具体职责的岗位	CT910
10	班组长标识	CHAR	1	用于标识班组长岗位	班组长岗位须填写“是”	CT910
11	境内国际化经营岗位标识	CHAR	1	用于标识直接从事国际化经营业务及主要从事相关管理、协调、服务工作的国内人员所在岗位	境内国际化经营岗位须填写“是”	CT910
12	出国备案岗位标识	CHAR	1	用于标识按照总部、企业有关规定，在出国(境)时需向上级组织人事部门申请备案的岗位	出国备案岗位须填写“是”	CT910
13	油品销售企业定员标准未覆盖标识	CHAR	1	用于标识油品销售企业定员标准未覆盖的岗位，如高管、中央仓人员及其他单位	油品销售企业定员标准未覆盖的岗位须填写“是”	CT910

1.2.2 岗位分类信息

序号	信息项					关联码表
	名称	类型	长度	指标解释	维护要求	
1	所属专业类别	CHAR	4	指经营管理和专业技术岗位按从事工作所属的专业划分	经营管理和专业技术岗位必填	CT222
2	翻译岗位语种	CHAR	2	指专职翻译岗位的翻译语种	所属专业类别为“翻译”的岗位必填	CT217
3	所属工种	CHAR	5	指技能操作岗位按所属的工种划分	技能操作岗位必填	CT321
4	岗位工时制	CHAR	1	指该岗位执行的工时制度。包括标准工时工作制、综合计算工时工作制和不定时工作制	实岗位必填	CT223
5	薪酬标杆岗位类别	CHAR	2	指根据薪酬统计分析需要划分的代表性岗位	实岗位必填	CT224
6	岗位类别	CHAR	4	指根据重要程度和技术含量，将工作岗位划分为3类：关键岗位(A类岗位)、主体岗位(B类岗位)、普通岗位(C类岗位)	实岗位必填	CT239
7	企业岗位分类	NUMC	8	企业自用		
8	企业自定义岗位分类1	CHAR	4	企业自用		
9	企业自定义岗位分类2	CHAR	4	企业自用		

1.2.3 海外岗位属性信息

序号	信息项					关联码表
	名称	类型	长度	指标解释	维护要求	
1	海外岗位重要性类别	CHAR	1	按重要性，分为一般岗位、关键岗位、核心岗位	仅限海外岗位填写	CT140
2	海外岗位类别	CHAR	3	按照集团公司统一要求对海外同类岗位的划分	仅限海外岗位填写	CT122

1.2.4 岗位任职条件

序号	信息项					关联码表
	名称	类型	长度	指标解释	维护要求	
1	学历要求	CHAR	30	指从事该岗位所要求的最低学历		
2	从业经验要求	DEC	2	指从事该岗位所要求的专业及从事该专业工作年限的要求		
3	专业知识要求	CHAR	50	指从事该岗位所要求的专业知识		

续表

序号	信息项					关联码表
	名称	类型	长度	指标解释	维护要求	
4	专业技术资格等级要求	CHAR	20	指从事该岗位所要求的专业技术资格等级		
5	能力要求	CHAR	100	指从事该岗位所要求的基本能力	简要描述	
6	专业要求	CHAR	20	指从事该岗位所要求的专业		
7	技能等级要求	CHAR	20	指从事该岗位所要求的技能等级		
8	上岗培训及时间要求	CHAR	50	指从事该岗位所要求的上岗培训及培训时间		
9	职业资格证书要求	CHAR	100	指从事该岗位所必须具有的执业资格证书		
10	辅助技能和技能技巧要求	CHAR	100	指从事该岗位所要求的辅助技能和技能技巧	简要描述	
11	身体素质要求	CHAR	20	指从事该岗位所需要的身体素质		
12	其他要求描述	CHAR	100	指从事该岗位的危害、职业禁忌等要求	简要描述	

1.2.5　计划薪酬信息

序号	信息项					关联码表
	名称	类型	长度	指标解释	维护要求	
1	开始日期	DATS	8	执行当前薪酬的开始日期		
2	结束日期	DATS	8	结束当前薪酬的日期		
3	计划薪酬类型	CHAR	2	指员工执行的基本薪酬制度的类型		
4	基本薪酬级别	CHAR	2	指基本薪酬等级		
5	基本薪酬档次(最低档)	CHAR	2	指基本薪酬运行区间下限		
6	基本薪酬档次(最高档)	CHAR	2	指基本薪酬运行区间上限		

1.2.6　岗薪联动信息

序号	信息项					关联码表
	名称	类型	长度	指标解释	维护要求	
1	开始日期	DATS	8			
2	结束日期	DATS	8			
3	企业代表性岗位	NUMC	8	指总部批复的企业与基本薪酬制度相对应的代表性岗位分类		

续表

序号	信息项					关联码表
	名称	类型	长度	指标解释	维护要求	
4	联动岗位分类	CHAR	3	与基本薪酬制度相关联的岗位分类		CT151
5	联动资质类别	CHAR	2	指所在岗位对享受相应基本薪酬待遇的资质类别的要求		CT152
6	专业技术资格分类	CHAR	2	指所在岗位对享受相应基本薪酬待遇的专业技术职务任职资格专业类别的要求	一个岗位可维护多条	CT313
7	职业(工种)类别	CHAR	2	指所在岗位对享受相应基本薪酬待遇的职业(工种)类别的要求	一个岗位可维护多条	CT321

1.3 人员基本情况类

1.3.1 人员基本信息

序号	信息项					关联码表
	名称	类型	长度	指标解释	维护要求	
1	人员编号	NUMC	8	指系统区分人员的标识	初始数据采集时，由总部统一划分单位人员的编号区间；系统上线后自动带出，包括纳入系统管理的各类人员，人员在石化系统内调动时，人员编号不变	
2	企业员工编号	CHAR	18	企业自用		
3	人事范围	CHAR	4	指单位管理的区域，一般指财务独立核算的法人单位或委托经营单位。原则上与公司代码一致	必填	
4	人事子范围	CHAR	4	指人事范围的下一级单位	必填	
5	所在单位或部门	CHAR	40	指员工所隶属的末级机构	必填	
6	姓名	CHAR	40	指在公安户籍管理部门正式登记注册、人事档案中正式记载的本人正在使用的姓名全称	必填	
7	姓名简拼	CHAR	10	指姓名拼音的首字母缩写	必填	
8	曾用名	CHAR	40	指在公安户籍管理部门正式登记注册、人事档案中正式记载的本人曾经使用的姓名全称		
9	性别	CHAR	1	指男女两性的区别	必填	CT202

续表

序号	信息项					关联码表
	名称	类型	长度	指标解释	维护要求	
10	出生日期	DATS	8	指本人出生证记载的、在公安户籍管理部门登记注册的、在人事档案中记载的并经组织人事劳资部门确认的出生年月日	必填。信息不一致时以人事档案最先记载为准	
11	籍贯	CHAR	6	指本人祖居所在地的当前国家政区名称，即祖籍所在地	必填。维护到区、县等最末级	CT101
12	出生地	CHAR	6	指本人出生时，户口所在地	必填。维护到区、县等最末级	CT101
13	出生地描述	CHAR	40	指出生在国外的地区名称	“出生地”为“国外”的必填	
14	民族	CHAR	2	指本人所属，国家认可，在公安户籍管理部门正式登记注册的民族	必填	CT203
15	参加工作日期	DATS	8	指根据国家劳动部门有关规定由组织人事劳资部门认定的参加工作时间	必填	
16	核定工龄起算日期	DATS	8	指工龄校正后的参加工作起始时间	必填。系统默认为参加工作日期，有工龄校正情况的依据校正增减情况修改	
17	进入本系统工作日期	DATS	8	指进入中国石化及其前身工作的时间	必填	
18	进入本单位工作日期	DATS	8	指进入本企(事)业单位及其前身工作的时间	必填	
19	核定倒班工龄起算日期	DATS	8	指倒班的人员经确认后的倒班起始日期	倒班的人员填写，根据倒班的校正值维护	
20	员工实际退休日期	DATS	8	指人力资源和社会保障部门批准的退休日期	系统中进行退休操作的日期与当地人力资源和社会保障部门批准退休日期不一致时填写	
21	进入加油站工作日期	DATS	8	指进入本单位加油站工作的起始日期	仅限加油站劳务工填写	
22	人员组	CHAR	1	用于对人员类别的划分	必填	CT201
23	人员子组	CHAR	2	用于对人员所在岗位类别的划分	必填	CT201
24	个人身份	CHAR	1	指干部或工人等身份标识	必填	CT230
25	国际化经营人才标识	CHAR	1	用于标识国际化经营人才。国际化经营人才是指正在或者曾经在中国石化海外单位关键岗位累计工作六个月及以上的人员；在国际化经营单位的国内国际化经营关键岗位累计工作一年以上的人员	仅限国际化经营人才填写	CT910

续表

序号	信息项					关联码表
	名称	类型	长度	指标解释	维护要求	
26	国际化经营后备人才标识	CHAR	1	用于标识具有较强的专业能力和较好的语言基础，具有成为国际化经营人才培养潜能的人员	仅限国际化经营后备人才填写	CT910
27	国际化定向培养高校毕业生标识	CHAR	1	用于标识国际化定向培养高校毕业生	仅限国际化定向培养高校毕业生填写	CT910
28	国籍	CHAR	2	指本人的公民身份国别	必填	CT102
29	户口性质	CHAR	1	指公安户籍部门确认的户口性质，分为农业户口或非农业户口	必填	CT208
30	户口类别	CHAR	2	分为本埠城镇、本埠农村、外埠城镇、外埠农村		CT229
31	户口所在地	CHAR	6	指由公安户籍部门发给的户口本上记载的地址	维护到区、县等最末级	CT101
32	户口所在地描述	CHAR	50	指由公安户籍部门发给的户口本上记载的地址描述		
33	港澳台侨属标识	CHAR	1	指本人或直系亲属的港澳台侨属类别	仅限港澳台侨属填写	CT209
34	婚姻状况	CHAR	1	指本人婚姻现状		CT206
35	健康状况	CHAR	1	指本人身体基本状况	必填	CT205
36	血型	CHAR	1	指本人的血液类型		CT233
37	宗教信仰	CHAR	2	指本人信仰的合法宗教		CT237
38	视觉障碍类型	CHAR	1	分为色盲、色弱等		CT234
39	残疾类别	CHAR	1	指对残疾人的分类		CT413
40	残疾等级	CHAR	1	指对残疾程度的划分		CT414
41	工资范围	CHAR	2	指按照工资计发业务划分的范围。可根据单位、人员类别或岗位类别进行划分	必填。一个发薪周期内员工有且仅有一个工资范围	
42	工资总额控制范围	CHAR	2	指员工工资总额的管控单位。常应用于工资总额监控和查询统计分析	必填。一个发薪周期内员工有且仅有一个工资总额控制范围	
43	总部统计唯一标识	CHAR	2	用于标识纳入各类统计范围的人员	必填，系统默认为“用工统计”。“用工统计”指统计用工和薪酬（含不发薪只统计用工）；“只统计薪酬保险”指不统计用工只统计薪酬保险，仅限高层领导人员；“只缴保险”指不统计用工和薪酬，只缴纳保险；“其他”指其他不纳入统计的人员	CT235

续表

序号	信息项					关联码表
	名称	类型	长度	指标解释	维护要求	
44	企业统计标识	CHAR	1	企业自用。根据企业统计需要，由企业自行确定统计范围人员的标识		CT910
45	照片			本人近期正面免冠 2 寸彩色照片	劳动合同制员工必填。照片格式要求：2 寸照片 3.5cm × 5.3cm300DPI 分辨率 626413JPG 格式文件小于 50K	
46	人员自定义分类 1	CHAR	4	企业自用		
47	人员自定义分类 2	CHAR	4	企业自用		
48	人员自定义分类 3	CHAR	4	企业自用		

1.3.2 学历及学位信息

序号	信息项					关联码表
	名称	类型	长度	指标解释	维护要求	
1	学历	CHAR	2	指国家认可的在国内外各类教育机构接受正式教育并取得学历证书的学习经历	必填	CT211
2	最高学历标识	CHAR	1	用于标识本人取得的最高学历	必有且仅有一条学历为最高学历	CT910
3	第一学历标识	CHAR	1	用于标识本人取得的第一学历	必有且仅有一条学历为第一学历	CT910
4	所学专业类别	CHAR	6	指取得学历所学习的专业分类	中专、技校及以上必填	CT213
5	所学专业	CHAR	30	指取得学历毕业证书中记载的所学专业描述	中专、技校及以上必填。系统默认由所学专业类别生成，不一致的可修改	
6	入学日期	DATS	8	指取得学历学习的起始时间	中专、技校及以上必填	
7	毕业日期	DATS	8	指完成学历教育并取得证书的时间	中专、技校及以上必填。以学历证书的签发时间为准，维护“开始日期”	
8	学制	DEC	3	指接受学历教育，完成学业的规定年限	中专、技校及以上必填	
9	从学单位类别	CHAR	2	指取得学历学习期间所就读的教育机构的类别	中专、技校及以上必填	CT215
10	毕业学校及单位	CHAR	4	完成学历教育并取得证书的毕业学校或单位。包括代码和名称两个子项	中专、技校及以上必填，代码通过码表直接选取，目前码表没有对应项的，可选择“其他”，并手工维护学校名称	CT216

续表

序号	信息项					关联码表
	名称	类型	长度	指标解释	维护要求	
11	从学单位国别	CHAR	2	指完成学历教育并取得证书的毕业学校或单位所在国家	中专、技校及以上必填	CT102
12	院校性质	CHAR	10		由系统配置自动显示是否属于985/211院校	CT238
13	从学方式	CHAR	1	指学习所采取的方式	必填	CT214
14	学位	CHAR	3	指完成学历教育后所取得的学位	取得学位的必填	CT212
15	最高学位标识	CHAR	1	用于标识本人取得的最高学位	取得学位的必填，有且仅有一条最高学位信息	CT910
16	学位授予日期	DATS	8	指授予学位的日期	取得学位的必填，以学位证书的签发时间为准	

1.3.3 政治面貌信息

序号	信息项					关联码表
	名称	类型	长度	指标解释	维护要求	
1	政治面貌	CHAR	2	指本人的政治身份	必填	CT204
2	加入组织日期	DATS	8		加入社会团体或党派的必填	

1.3.4 工作经历信息

序号	信息项					关联码表
	名称	类型	长度	指标解释	维护要求	
1	开始日期	DATS	8	在某一单位(部门)工作的起始时间	必填	
2	结束日期	DATS	8	在某一单位(部门)工作的终止时间	必填	
3	所在单位及部门名称	CHAR	40	在某一时间内具体工作所在单位的名称	必填	
4	从事工作及担任职务	CHAR	40	在某一单位(部门)工作期间所从事的工作或担任的职务	必填	
5	证明人	CHAR	8	能够证明本人在某一单位工作及担任某种职务的人员姓名	中层以上人员必填	

1.3.5　简历信息

序号	信息项					关联码表
	名称	类型	长度	指标解释	维护要求	
1	显示序号	DEC	2	用于标识简历显示的先后顺序	必填	
2	开始日期	DATS	8		需在系统中执行“生成简历”操作，由工作经历信息、学习经历信息和员工参加培训情况等自动带出后，检查修改并保存	
3	结束日期	DATS	8		需在系统中执行“生成简历”操作，由工作经历信息、学习经历信息和员工参加培训情况等自动带出后，检查修改并保存	
4	所在单位及部门名称	CHAR	40	在某一时间内具体工作所在单位的名称	需在系统中执行“生成简历”操作，由工作经历信息、学习经历信息和员工参加培训情况等自动带出后，检查修改并保存	
5	从事工作及担任职务	CHAR	40	在某一单位(部门)工作期间所从事的工作或担任的职务	需在系统中执行“生成简历”操作，由工作经历信息、学习经历信息和员工参加培训情况等自动带出后，检查修改并保存	

1.3.6　证件信息

序号	信息项					关联码表
	名称	类型	长度	指标解释	维护要求	
1	证件类型	CHAR	2	指证件的类型，如身份证、工作证等	证件编号不为“空”的必填	CT210
2	证件名称	CHAR	10	指证件类型为其他的具体证件名称	证件类型为其他的必填，手工维护	
3	证件编号	CHAR	30		身份证号必填	
4	生效日期	DATS	8	指证件的生效日期	身份证必填	
5	截止日期	DATS	8	指证件的失效日期	身份证必填	
6	签发国家(地区)	CHAR	2	指证件的签发国家(地区)	国外证件必填	CT102

1.3.7 出国(境)情况

序号	信息项					关联码表
	名称	类型	长度	指标解释	维护要求	
1	出国(境)目的	CHAR	2	指出国(境)的主要任务或目的	有出国(境)情况的填写	CT219
2	出国(境)日期	DATS	8	指出国离境时间	有出国(境)情况的填写	
3	回国(境)日期	DATS	8	指回国入境时间	有出国(境)情况的填写	
4	留学类别	CHAR	1		出国(境)留学的人员填写	CT218
5	所去国家(地区)	CHAR	2	所去国家、地区的名称	有出国(境)情况的填写	CT102
6	所去国家(地区)描述	CHAR	20	所去国家、地区名称的具体描述	有出国(境)情况的填写	
7	团组名称	CHAR	60	指出国工作或学习的派出团组的名称	仅限公派出国(境)填写	
8	组团单位	CHAR	20	指组织该出国(境)团组的单位或机构的名称	仅限公派出国(境)填写	
9	备注	CHAR	100	对出国(境)情况其它信息的说明	不能按时回国等情况填写	

1.3.8 工伤信息

序号	信息项					关联码表
	名称	类型	长度	指标解释	维护要求	
1	工伤类别	CHAR	1	指因工伤病类型	工伤人员必填	CT410
2	工伤认定日期	DATS	8	指人力资源和社会保障部门认定的因工伤病日期	工伤人员必填	
3	工伤致残等级	CHAR	2	指工伤致残的程度	工伤人员必填	CT411
4	工伤护理等级	CHAR	1	指工伤人员需要护理的程度		CT412
5	医疗期起始日期	DATS	8	指脱产治疗工伤的起始时间		
6	医疗期终止日期	DATS	8	指脱产治疗工伤的终止时间		
7	备注	CHAR	100	用于记录具体工伤情况		

1.3.9 考察(疗养)情况

序号	信息项					关联码表
	名称	类型	长度	指标解释	维护要求	
1	组织单位或部门	CHAR	40			
2	起始日期	DATS	8			
3	终止日期	DATS	8			
4	地点	CHAR	40			

1.3.10　家庭成员信息

序号	信息项					关联码表
	名称	类型	长度	指标解释	维护要求	
1	成员姓名	CHAR	40		必填	
2	与本人关系	CHAR	2		必填	CT207
3	成员出生日期	DATS	8		必填	
4	成员性别	CHAR	1		必填	CT202
5	成员民族	CHAR	2		必填	CT203
6	成员政治面貌	CHAR	2		必填	CT204
7	成员工作单位及职务	CHAR	20		必填	
8	成员文化程度	CHAR	2			CT211
9	成员毕业日期	DATS	8			
10	成员毕业院校	CHAR	20			
11	成员所学专业描述	CHAR	30			

1.3.11　住址通讯信息

序号	信息项					关联码表
	名称	类型	长度	指标解释	维护要求	
1	家庭地址	CHAR	40	指本人目前常住的详细住址	中层及以上领导人员必填	
2	身份证登记住址	CHAR	40	指本人居民身份证上填写的住址		
3	邮政编码	CHAR	6	指本人有效的通信地址的邮政编码		
4	工作电话	CHAR	20	指本人的办公电话号码	中层及以上领导人员必填	
5	家庭电话	CHAR	20	指本人的家庭固定电话号码		
6	移动电话	CHAR	20	指本人所使用的移动电话号码	中层及以上领导人员必填	
7	电子邮件	CHAR	30	指本人的电子信箱地址	中层及以上领导人员必填	

1.3.12　体检信息

序号	信息项					关联码表
	名称	类型	长度	指标解释	维护要求	
1	体检日期	DATS	8			
2	体检结果描述	CHAR	100			

1.3.13 集团公司外派海外用工信息

序号	信息项					关联码表
	名称	类型	长度	指标解释	维护要求	
1	国内派往海外用工类型	CHAR	2	指集团公司派驻海外工作人员的类型	国内派往海外工作的人员必填	CT231
2	发放属地化薪酬标识	CHAR	1	用于标识根据总部有关规定，在当地的住房、交通、伙食、通讯、水电、燃料等相关费用按标准发放给个人包干使用的外派员工	发放属地化薪酬的外派海外用工必填	CT910
3	外派国家(地区)	CHAR	2	指派驻海外单位所在的国家(地区)	国内派往海外工作的人员必填	CT102
4	风险地区	CHAR	2	指对派驻海外单位所在的地区划分	国内派往海外工作的人员必填	
5	地区补贴类别	CHAR	2	根据派驻海外单位所在国家(地区)的生活环境、自然条件、艰苦程度等因素划分为四类：一类、二类、三类、四类	根据“外派国家(地区)”自动带出	CT138
6	地区风险等级	CHAR	2	指派驻海外地区对应的风险等级，分为红色、橙色Ⅰ级、橙色Ⅱ级、黄色、蓝色，地区的风险等级由集团公司依据国家有关公告确定并发布，动态调整	根据“风险地区”自动带出	CT139

1.3.14 军队复转人员信息

序号	信息项					关联码表
	名称	类型	长度	指标解释	维护要求	
1	退出现役军人(武警)标识	CHAR	1	指本人退出现役军人(武警)的类别	军队复转人员必填	CT401
2	复转证号	CHAR	20		军队复转人员必填	
3	入伍地点	CHAR	6	指参军的详细地点	军队复转人员必填，填至末级	CT101
4	入伍日期	DATS	8	指地方人武部门征兵办公室批准入伍的时间	军队复转人员必填	
5	开始日期	DATS	8	指部队批准复转的时间	军队复转人员必填	
6	复转前大单位	CHAR	2	指复转前本人所在的军区(总队)	军队复转人员必填	CT402

续表

序号	信息项					关联码表
	名称	类型	长度	指标解释	维护要求	
7	复转前部别	CHAR	30	指复转前本人所在的部队	军队复转人员必填	
8	复转时健康与伤残情况	CHAR	1		军队复转人员必填	CT403
9	复转前职务名称	CHAR	30	指复转前本人在部队的职务	军队复转人员必填	
10	复转前职务(技术)等级	CHAR	3	指复转前本人在部队时的职务(技术)级别	军队复转人员中的军官、文职干部、专业技术军官和专业技术文职干部必填	CT405
11	复转前军衔、文职级	CHAR	4	指复转前本人在部队的军(警)衔	军队复转人员必填	CT404
12	复转安置方式	CHAR	1		军队复转人员必填	CT406
13	六类人员(服役 10 年以上)	CHAR	1	六类人员是指在边防、海岛、高寒地区、沙漠地区、飞行、舰艇服役的人员	仅限曾在六类部队累计服役 10 年及以上的复转人员填写	CT407
14	预备役登记情况	CHAR	1	用于标识预备役登记人员	预备役登记的人员须填写“是”	CT910
15	配偶就业情况	CHAR	1		已婚的军队复转人员必填	CT408
16	家庭经济情况	CHAR	1		军队复转人员必填	CT409

1.3.15　其他用工信息

序号	信息项					关联码表
	名称	类型	长度	指标解释	维护要求	
1	其他用工来源	CHAR	2	指劳动合同制员工以外的用工来源	劳动合同制员工以外的用工必填	CT508
2	劳务派遣单位类别	CHAR	1		劳务工必填	CT509
3	劳务派遣单位名称	CHAR	40		劳务工必填	

1.3.16　博士后研究人员信息

序号	信息项					关联码表
	名称	类型	长度	指标解释	维护要求	
1	开始日期	DATS	8	指博士后研究人员进站时间	博士后研究人员必填	
2	结束日期	DATS	8	指博士后研究人员出(退)站时间		
3	所属博士后站	CHAR	40	指博士流动(工作)站所属的机构	博士后研究人员必填	
4	承担课题	CHAR	50	指博士后研究人员的研究课题	博士后研究人员必填	

1.4 任职情况与劳动关系类

1.4.1 行政党派职务信息

序号	信息项					关联码表
	名称	类型	长度	指标解释	维护要求	
1	开始日期	DATS	8	指任职文件规定的任(聘)职起始日期	副科级及以上的人员必填	
2	结束日期	DATS	8	指任(聘)职终止日期或文件规定的免除职务的日期		
3	职务名称	CHAR	4	指担任行政党派职务的具体名称，与文件中的职务名称一致	副科级及以上的人员必填	CT302
4	职务级别	CHAR	1	指所担任职务的级别	副科级及以上的人员必填	CT108
5	任现职日期	DATS	8	指初任(聘)同职级职务的日期	副科级及以上的人员必填	
6	领导班子研究讨论日期	DATS	8	指领导班子研究讨论任(聘)职事宜的日期		
7	主要职务标识	CHAR	1	用于标识当前任(聘)职的主要职务	副科级及以上的人员必填	CT910
8	现任职务全称	CHAR	60	指当前所有职务的合称	副科级及以上的人员必填。任多职情况的按照企业惯用全部职务名称修改，只包含企业内的职务，不包括社会团体职务	
9	领导人员管理层级	CHAR	1	指该领导人员所属管理层级	副科级及以上的人员必填	CT301
10	职务类别	CHAR	3	指所担任职务的类别	副科级及以上的人员必填	CT303
11	任职属性	CHAR	2	指该职务的状态	副科级及以上的人员必填	CT304
12	主管或从事工作详述	CHAR	100	指主管工作的范围或从事工作的详细描述	副科级及以上的人员必填	
13	主管或从事工作简述	CHAR	30	指主管工作的范围或从事工作的简要描述	副科级及以上的人员必填	
14	进班子日期	DATS	8	指进入各级单位领导班子的时间	中层及以上领导班子成员必填	
15	在班子中位次	DEC	2	指在领导班子中的位次	中层及以上领导班子成员必填。一般按班子分工文件中人员顺序排序	
16	备注	CHAR	15	用于说明特殊的任职情况		
17	职务变动类别	CHAR	4		副科级及以上的人员必填	CT341
18	任职方式	CHAR	2	指任(聘)该职务的方式	副科级及以上的人员必填	CT305

续表

序号	信息项					关联码表
	名称	类型	长度	指标解释	维护要求	
19	任职文号	CHAR	20		副科级及以上的人员必填	
20	免职方式	CHAR	2	指免除该职务的方式	副科级及以上人员免职的情况必填	CT344
21	免职文号	CHAR	20		副科级及以上人员免职的情况必填	
22	降(免)职原因	CHAR	3		副科级及以上人员降(免)职的情况必填	CT306
23	备案干部批准日期	DATS	8	按照集团公司干部管理有关规定，上级组织人事部门批准的备案日期		
24	征求纪委意见日期	DATS	8			
25	征求地方意见日期	DATS	8			
26	公示文号	CHAR	20			
27	交流任职类别	CHAR	3		副科级及以上企业间交流人员填写	CT307

1.4.2　兼任职务情况

序号	信息项					关联码表
	名称	类型	长度	指标解释	维护要求	
1	兼职类型	CHAR	1	指兼任职务的情况分类	中层及以上人员有兼职情况的必填	CT308
2	开始日期	DATS	8	指兼任职务的起始日期	中层及以上人员有兼职情况的必填	
3	结束日期	DATS	8	指兼任职务的终止日期	中层及以上的人员免除兼任职务的情况填写	
4	兼任职务单位	CHAR	40		中层及以上人员有兼职情况的必填	
5	兼任职务名称	CHAR	4		中层及以上人员有兼职情况的必填	CT302
6	兼任职务类别	CHAR	3		中层及以上人员有兼职情况的必填	CT303
7	兼职任职文号	CHAR	20		中层及以上人员有兼职情况的必填	
8	兼职免职文号	CHAR	20		中层及以上的人员免除兼任职务的情况必填	

1.4.3 社会(学术)团体任职情况

序号	信息项					关联码表
	名称	类型	长度	指标解释	维护要求	
1	社会(学术)团体名称	CHAR	40	指任职所在的社会团体名称。包括各类学会、协会、研究会、促进会、联谊会、联合会、基金会、商会等社会组织	中层以上人员在社会团体中担任职务的必填	
2	职务名称	CHAR	20	指在社会团体担任职务的具体名称	中层以上人员在社会团体中担任职务的必填	
3	开始日期	DATS	8	指担任社会(学术)团体起始日期	中层以上人员在社会团体中担任职务的必填	
4	结束日期	DATS	8	指担任社会(学术)团体终止日期	中层及以上的人员免除社会(学术)团体职务的填写	

1.4.4 后备领导人员信息

序号	信息项					关联码表
	名称	类型	长度	指标解释	维护要求	
1	开始日期	DATS	8	指列为后备领导人员的起始日期		
2	结束日期	DATS	8	指列为后备领导人员的结束日期		
3	培养目标	CHAR	3			CT309
4	培养目标管理层次	CHAR	1			CT301
5	成熟程度	CHAR	1			CT310
6	民主推荐情况	CHAR	100			
7	备用情况	CHAR	1			CT311
8	培养锻炼措施及计划	CHAR	100			

1.4.5 人员增减变化情况

序号	信息项					关联码表
	名称	类型	长度	指标解释	维护要求	
1	增加类别	CHAR	5		二级及以上单位之间人员调动必填。调入单位填写	CT502
2	减少类别	CHAR	5		二级及以上单位之间人员调动必填。调出单位填写	CT502
3	调出单位	CHAR	40	调出时所在原单位的部门名称	二级及以上单位之间人员调动必填。调出单位填写	

续表

序号	信息项					关联码表
	名称	类型	长度	指标解释	维护要求	
4	接收单位	CHAR	40	调入到本单位后所在部门名称	二级及以上单位之间人员调动必填。调入单位填写	
5	调出单位类型	CHAR	2	指调出去往单位的类型	二级及以上单位之间人员调动必填。调出单位填写	CT513
6	接收单位类型	CHAR	2	指调入前原单位的类型	二级及以上单位之间人员调动必填。调入单位填写	CT513
7	增加日期	DATS	8	指进入本单位的实际办理时间	二级及以上单位之间人员调动必填。调入单位填写	
8	减少日期	DATS	8	指离开本单位的实际办理时间	调出单位填写	
9	起薪日期	DATS	8	工资关系转移介绍信(调入)开具的起薪日期	二级及以上单位之间人员调动必填。调入单位填写	
10	停薪日期	DATS	8	工资关系转移介绍信(调出)开具的停薪日期	二级及以上单位之间人员调动必填。调出单位填写	
11	增加原因	CHAR	2	指进入本单位的原因	二级及以上单位之间人员调动必填。调入单位填写	CT503
12	减少原因	CHAR	2	指离开本单位的原因	二级及以上单位之间人员调动必填。调出单位填写	
13	备注	CHAR	100			

1.4.6　岗位聘任补充信息

序号	信息项					关联码表
	名称	类型	长度	指标解释	维护要求	
1	开始日期	DATS	8		必填	
2	结束日期	DATS	8		必填	
3	岗位名称	CHAR	12	指当前所在工作岗位的名称	必填	
4	岗位状态	CHAR	3	用于区分在岗、不在岗的具体情况	必填	CT220
5	岗位配置百分比	DEC	3	指同一员工配置到两个及以上不同岗位时，不同岗位所占比重	兼职情况必填。其中至少一个岗位的分配比例大于 50%	
6	聘任文号	CHAR	40			
7	职位层级序列	CHAR	3	指对不同队伍序列职位的层级划分，系统通过职位序列、职位层次和职位级别三个信息项实现	在岗用工必填	CT221
8	职位名称	CHAR	20	指员工所聘具体职位名称	在岗用工必填	
9	从事专业类别	CHAR	4	详见 1.2.2 岗位分类信息第 1 项	经营管理和专业技术人员必填。依据岗位分类信息自动带出，如不一致可修改	CT222

续表

序号	信息项					关联码表
	名称	类型	长度	指标解释	维护要求	
10	翻译岗位语种	CHAR	2	详见 1.2.2 岗位分类信息第 2 项	从事专业类别为“翻译”的人员填写。依据岗位分类信息自动带出，如不一致可修改	CT217
11	薪酬标杆岗位类别	CHAR	2	详见 1.2.2 岗位分类信息第 5 项	在岗用工必填。依据岗位分类信息自动带出，如不一致可修改	CT224
12	岗位类别	CHAR	4	详见 1.2.2 岗位分类信息第 6 项	必填。依据岗位分类信息自动带出，如不一致可修改	
13	兼任职位标识	CHAR	1	用于标识兼任不同职位序列职务的人员	兼任不同职位序列职务的必填	CT910
14	兼任职位层级序列	CHAR	3	指兼任不同职位序列的职务	兼任不同职位序列职务的必填	CT221
15	班组长标识	CHAR	1	用于标识班组长(含工段长、大班长等)	班组长(含工段长、大班长)必填。依据岗位分类信息自动带出，如不一致可修改	CT910
16	出国备案人员标识	CHAR	1	用于标识按照总部、企业有关规定，需向上级组织人事部门申请备案的人员	依据岗位分类信息自动带出，并可手工修改	CT910
17	见习期限(月)	DEC	2			
18	由原中层岗位转聘标识	CHAR	1	用于标识转聘到其他职位序列岗位的原中层管理人员		CT910
19	分流单位保留劳动关系职工标识	CHAR	1	指分流单位中与母体单位保留劳动关系的员工。含财务并表单位和财务非并表单位中与国有(国有控股)主办单位保留劳动关系的员工	与母体单位保留劳动关系的职工须填写为“是”	CT910
20	兼职便利店营业员标识	CHAR	1	用于标识兼职便利店营业员	兼职便利店营业员须填写为“是”	CT910
21	非营业时间看护人员标识	CHAR	1	用于标识非营业时间看护人员	非营业时间看护人员须填写为“是”	CT910

1.4.7 从事职业(工种)情况

序号	信息项					关联码表
	名称	类型	长度	指标解释	维护要求	
1	开始日期	DATS	8		在岗技能操作人员必填	
2	结束日期	DATS	8		在岗技能操作人员必填	
3	现职业(工种)	CHAR	5	指现从事职业(工种)名称	在岗技能操作人员必填	CT321

续表

序号	信息项					关联码表
	名称	类型	长度	指标解释	维护要求	
4	职业技能鉴定范围标识	CHAR	1	用于标识该工种是否已纳入职业技能鉴定范围	在岗技能操作人员必填。码表中除“其他”外的工种均须填写为“是”	CT910
5	有毒有害职业(工种)标识	CHAR	1	用于标识从事有毒有害职业(工种)的人员	技能操作人员从事有毒有害职业(工种)的人员须填写为“是”	CT910
6	提前退休工种标识	CHAR	1	用于标识属于提前退休工种范围的人员	属于提前退休工种范围的人员须填写为“是”	CT910
7	办理特殊工种提前退休标识	CHAR	1	指办理特殊工种提前退休的通知方式	提前退休的特殊工种标识为“是”的人必填	CT340
8	提前退休工种描述	CHAR	40	指当地劳动部门批准的提前退休的具体工种名称	提前退休的特殊工种标识为“是”的人必填	

1.4.8　劳动合同信息

序号	信息项					关联码表
	名称	类型	长度	指标解释	维护要求	
1	开始日期	DATS	8	指劳动合同生效日期	签订劳动合同的人员必填	
2	结束日期	DATS	8	指劳动合同到期日期	签订劳动合同的人员必填	
3	合同编号	CHAR	20	指企业自行编制的劳动合同编号	签订劳动合同的人员必填	
4	合同标识	CHAR	1	用于区分劳动合同签订的类型	签订劳动合同的人员必填。首次与本单位签订劳动合同须填写为“订立”	CT226
5	劳动合同类别	CHAR	2	指所签订劳动合同的期限分类	签订劳动合同的人员必填。非全日制用工签订的没有固定期限的劳动合同，须填写为“以完成一定工作任务为期限的劳动合同”	CT225
6	签订单位	CHAR	12	指员工签订合同的法人单位或委托代理单位	签订劳动合同的人员必填	
7	合同附件描述	CHAR	100	指劳动合同附件中的主要内容简述	有合同附件的人员填写	
8	试用期限(月)	DEC	3	指所签订劳动合同条款中约定的试用期	有试用期的人员填写	
9	个人交纳违约金额(元)	CURR	8，2	指个人因违反合同约定，向用人单位支付的违约金		
10	单位支付补偿金额(元)	CURR	8，2	指单位提出解除劳动合同，向个人支付的经济补偿金		

续表

序号	信息项					关联码表
	名称	类型	长度	指标解释	维护要求	
11	解除/终止/变更原因	CHAR	100		合同变更时填写	
12	解除/终止劳动合同通知书送达日期	DATS	8			
13	解除/终止劳动合同证明书出具日期	DATS	8			

1.4.9　劳动争议情况

序号	信息项					关联码表
	名称	类型	长度	指标解释	维护要求	
1	开始日期	DATS	8	指发生争议起始日期		
2	争议处理过程简述	CHAR	100	指对发生劳动争议情况的简要描述		

1.4.10　员工协议信息

序号	信息项					关联码表
	名称	类型	长度	指标解释	维护要求	
1	协议类型	CHAR	1	指员工与企业签订的协议分类		CT228
2	协议编号	CHAR	20			
3	协议签订甲方	CHAR	40	指与员工签订协议的法人单位或委托代理单位	签订协议的必填	
4	开始日期	DATS	8	指协议生效日期	签订协议的必填	
5	结束日期	DATS	8	指协效到期日期	签订协议的必填	
6	备注	CHAR	100	指签订协议约定的主要条款和内容简述，如培训协议的服务期等		

1.4.11　项目部人员信息

序号	信息项					关联码表
	名称	类型	长度	指标解释	维护要求	
1	开始日期	DATS	8	指进入项目部日期	仅限矩阵式管理的项目部人员填写	
2	结束日期	DATS	8	指离开项目部日期	仅限矩阵式管理的项目部人员填写	
3	所属项目部代码	NUMC	8		仅限矩阵式管理的项目部人员填写	

续表

序号	信息项					关联码表
	名称	类型	长度	指标解释	维护要求	
4	所属项目部名称	CHAR	40		仅限矩阵式管理的项目部人员填写	
5	项目部职务	CHAR	20		仅限矩阵式管理的项目部人员填写	
6	项目部班子成员标识	CHAR	1		仅限矩阵式管理的项目部人员填写。项目部班子成员须填写为“是”	CT910
7	项目部职务聘任日期	DATS	8		仅限矩阵式管理的项目部人员填写	
8	项目部职务聘任文号	CHAR	20		仅限矩阵式管理的项目部人员填写	
9	项目部职务解聘日期	DATS	8		仅限矩阵式管理的项目部人员填写	

1.4.12 借调(借聘)人员信息

序号	信息项					关联码表
	名称	类型	长度	指标解释	维护要求	
1	开始日期	DATS	8	指借调(借聘)起始日期	借调人员必填	
2	结束日期	DATS	8	指借调(借聘)终止日期	借调人员必填	
3	借调方式	CHAR	2		借调人员必填	CT512
4	借调类型	CHAR	1		借调人员必填	CT507
5	原单位人员编号	NUMC	8		借入人员必填	
6	借入(借出)人事范围	CHAR	4	详见 1.3.1 人员基本信息第 3 项	借调人员必填	
7	借入(借出)单位人事子范围	CHAR	4	详见 1.3.1 人员基本信息第 4 项	借调人员必填	
8	借入(借出)单位名称	CHAR	40		借调人员必填	
9	备注	CHAR	100	可填写借调(借聘)期限及相关说明		

1.4.13 离退休人员情况

序号	信息项					关联码表
	名称	类型	长度	指标解释	维护要求	
1	离(退)休类别	CHAR	2	用于区分离、退休类别	离(退)人员必填	CT510
2	开始日期	DATS	8	指当地人力资源和社会保障部门批准的离、退休时间	离(退)人员必填	

续表

序号	信息项					关联码表
	名称	类型	长度	指标解释	维护要求	
3	离(退)休后享受待遇级别	CHAR	1			CT108
4	离(退)休人员来源	CHAR	1	用于区分上市单位和非上市单位离(退)休人员	离(退)人员必填	CT511
5	离(退)休后管理单位	CHAR	40	指管理该离退休职工的单位(简化全称)	离(退)人员必填	
6	统筹基金支付(元)	CURR	13，2	指由当地社保机构支付该离退休职工的离退休费		
7	企业补贴(元)	CURR	13，2	指由企业支付离退休人员的补贴	领取离(退)休补贴必填	
8	节日慰问金(元)	CURR	13，2		领取节日慰问金必填	
9	其他现金支出(元)	CURR	13，2		领取其他现金支出的必填	
10	延长退休批准文号	CHAR	20			
11	返聘标识	CHAR	1		返聘人员须填写为“是”	CT910
12	领取企业年金人员标识	CHAR	1		领取企业年金的离(退)休人员须填写为“是”	CT910
13	异地接收(安置)情况	CHAR	40		填写离(退)休后安置到异地生活的地点	
14	离(退)休人员死亡日期	DATS	8			

1.4.14 培训机构人员情况

序号	信息项					关联码表
	名称	类型	长度	指标解释	维护要求	
1	开始日期	DATS	8	进入本培训机构的日期	培训机构中所有在岗用工必填	
2	结束日期	DATS	8	离开本培训机构的日期	培训机构中所有在岗用工必填	
3	培训机构人员类别	CHAR	2	指培训人员所从事的培训业务分类，划分为员工培训、学历教育、幼儿教育、职业技能鉴定、生活后勤服务及其他	培训机构中所有在岗用工必填	CT815

1.4.15 人事档案建档信息

序号	信息项					关联码表
	名称	类型	长度	指标解释	维护要求	
1	开始日期	DATS	8	指人事档案建档日期		
2	结束日期	DATS	8			

续表

序号	信息项					关联码表
	名称	类型	长度	指标解释	维护要求	
3	档案编号	CHAR	15			
4	档案类别	CHAR	2	指人事档案的版本类型	填写正本或副本	CT901
5	所属档案室(管档机构)名称	CHAR	40			

1.4.16　档案目录情况

序号	信息项					关联码表
	名称	类型	长度	指标解释	维护要求	
1	序号	DEC	2			
2	材料名称	CHAR	40			
3	材料类别	CHAR	2			CT902
4	制成日期	DATS	8			
5	份数	DEC	2			
6	页数	DEC	2			

1.4.17　档案转递情况

序号	信息项					关联码表
	名称	类型	长度	指标解释	维护要求	
1	档案类别	CHAR	2	详见 1.4.15 人事档案建档信息第 4 项		CT901
2	转递类别	CHAR	1	分为转入和转出		CT903
3	转递日期	DATS	8	指单位办理档案转递的日期		
4	转递方式	CHAR	1	指所采取的档案转递渠道		CT904
5	档案来源/去向	CHAR	40			
6	转递原因	CHAR	20			
7	转递编号	CHAR	10			
8	经办人	CHAR	10	指办理档案转递手续的人员		
9	回执人	CHAR	10	指在档案接收回执单上签字的人员		
10	回执日期	DATS	8	指档案接收回执单上的时间		

1.4.18 档案查(借)阅情况

序号	信息项					关联码表
	名称	类型	长度	指标解释	维护要求	
1	查(借)阅方式	CHAR	1	分为自查、协查、借阅		CT905
2	开始日期	DATS	8	指查(借)阅该人档案的具体时间		
3	借阅天数	DEC	3			
4	查(借)阅单位名称	CHAR	40	指查(借)阅档案工作人员的单位简化全称		
5	查(借)阅人	CHAR	10	指查(借)阅档案的具体工作人员		
6	查(借)阅理由及内容	CHAR	40			
7	批准人	CHAR	10			
8	结束日期	DATS	8	指借出档案的归还日期		

1.4.19 人事业务提醒信息

序号	信息项					关联码表
	名称	类型	长度	指标解释	维护要求	
1	业务日期	DATS	8	指需要提醒的业务工作发生日期		
2	提醒日期	DATS	8	指需要提醒的业务工作的提醒日期		
3	提醒业务类型	CHAR	2	指需要提醒的业务工作类型。如试用期到期提醒等		CT908
4	处理标识	CHAR	1	指需要提醒的业务工作处理进展情况。如新任务、处理中、已完成		CT909
5	注释	CHAR	72	指需要提醒的业务工作需要说明的其他信息		

1.5 资质发展类

1.5.1 职称外语考试成绩信息

序号	信息项					关联码表
	名称	类型	长度	指标解释	维护要求	
1	考试语种	CHAR	2		职称外语考试通过人员必填	CT217
2	考试类型	CHAR	4		职称外语考试通过人员必填	CT317

续表

序号	信息项					关联码表
	名称	类型	长度	指标解释	维护要求	
3	开始日期	DATS	8	指通过职称外语考试取得合格证的日期	职称外语考试通过人员必填	
4	考试成绩	DEC	4，1		职称外语考试通过人员必填	
5	考试结果	CHAR	2			CT907
6	结束日期	DATS	8	指职称外语考试合格证有效期截止日期	职称外语考试通过人员必填	

1.5.2　职称计算机考试成绩信息

序号	信息项					关联码表
	名称	类型	长度	指标解释	维护要求	
1	考试类别	CHAR	2		职称计算机考试通过人员必填	CT318
2	开始日期	DATS	8	指通过各类计算机考试取得合格证或等级证的日期	职称计算机考试通过人员必填	
3	考试成绩	DEC	4，1		职称计算机考试通过人员必填	
4	结束日期	DATS	8	指职称计算机考试合格证有效期截止日期	职称计算机考试通过人员必填	

1.5.3　专业技术工作情况

序号	信息项					关联码表
	名称	类型	长度	指标解释	维护要求	
1	项目名称	CHAR	40	指从事研究、技术、专业工作的任务、课题、项目的名称	参加直属单位及以上级别项目必填	
2	开始日期	DATS	8	指从事该专业技术工作任务、项目、课题的起始日期	参加直属单位及以上级别项目必填	
3	结束日期	DATS	8	指完成该专业技术工作任务、项目、课题的终止日期	参加直属单位及以上级别项目必填	
4	项目学科领域	CHAR	8	指从事的专业技术工作任务、课题、项目的学科	参加直属单位及以上级别项目必填	CT327
5	技术项目类别	CHAR	2	指对专业技术工作任务、课题、项目的重要程度分类	参加直属单位及以上级别项目必填	CT326
6	项目下达单位	CHAR	40	指项目下达或批准单位	参加直属单位及以上级别项目必填	

续表

序号	信息项					关联码表
	名称	类型	长度	指标解释	维护要求	
7	下达单位级别	CHAR	1	指项目下达或批准单位的行政级别	参加直属单位及以上级别项目必填	CT328
8	项目中担任角色	CHAR	1	指本人在专业技术工作任务、项目、课题中所负责和所起的实际作用	参加直属单位及以上级别项目必填	CT329
9	项目效益	CURR	13，2	指该专业技术工作任务、项目、课题正式推广后所产生的经济效益和社会效益		
10	获资助基金种类	CHAR	40			
11	获资助基金金额(元)	CURR	13，2			
12	获资助基金项目中个人排名	CHAR	2			CT335
13	备注	CHAR	100			

1.5.4 专业技术成果及获奖情况

序号	信息项					关联码表
	名称	类型	长度	指标解释	维护要求	
1	成果名称	CHAR	40	指科技成果鉴定证书所认定的专业技术工作任务、项目、课题取得的成果名称	取得成果鉴定或获奖证书的必填	
2	成果类别	CHAR	2	指科学技术成果表现形式的类别	取得成果鉴定或获奖证书的必填	CT331
3	成果编号	CHAR	20	指科技成果鉴定证书的编号	取得成果鉴定或获奖证书的必填	
4	成果中个人排名	CHAR	2	指在科技成果鉴定证书中的排名顺序	取得成果鉴定或获奖证书的必填	CT335
5	成果评述	CHAR	200		取得成果鉴定或获奖证书的必填	
6	成果水平	CHAR	1	指经鉴定评审认定的科学技术成果先进程度	取得成果鉴定或获奖证书的必填	CT332
7	鉴定单位	CHAR	40	指对成果进行鉴定的组织单位的名称	取得成果鉴定或获奖证书的必填	
8	奖励名称与等级代码	CHAR	4	指获得奖励的名称与等级，包括代码和名称两个子项	成果获得集团公司及以上奖励的必填	CT330

续表

序号	信息项					关联码表
	名称	类型	长度	指标解释	维护要求	
9	奖励名称与等级名称	CHAR		指获得奖励的详细名称与等级	从“奖励名称与等级代码”中自动带出，可编辑修改	
10	授奖单位	CHAR	40	指授予奖励的单位简化全称	成果获得集团公司及以上奖励的必填	
11	获奖项目中担任角色	CHAR	1	指本人在获奖的专业技术工作任务、课题、项目中所起的实际作用和所负的责任	成果获得集团公司及以上奖励的必填	CT329
12	获奖日期	DATS	8	指专业技术工作任务、课题、项目获得奖励的批准日期	成果获得集团公司及以上奖励的必填	
13	证书编号(文号)	CHAR	20		取得集团公司及以上级别成果必填	

1.5.5　专利情况

序号	信息项					关联码表
	名称	类型	长度	指标解释	维护要求	
1	专利类别	CHAR	1		仅限取得专利人员填写	CT333
2	获专利名称	CHAR	40	指专利通知书签发的专利名称	仅限取得专利人员填写	
3	专利号	CHAR	20	指专利证书签发的专利号	仅限取得专利人员填写	
4	开始日期	DATS	8	指专利证书签发的日期	仅限取得专利人员填写	
5	专利批准国家	CHAR	2	指专利批准的国家或地区名称	仅限取得专利人员填写	CT102
6	专利中的个人排名	CHAR	2	指个人在专利中所起的实际作用和所负的责任及排序	仅限取得专利人员填写	CT335

1.5.6　论文论著信息

序号	信息项					关联码表
	名称	类型	长度	指标解释	维护要求	
1	论文、论著名称	CHAR	200	指发表的论文、论著的具体名称	在正式刊物、出版社发表的论文、论著的填写，不包括各类报纸	
2	刊物名称及期次	CHAR	100			
3	刊号、书号	CHAR	40			
4	论文、著作作者身份	CHAR	1			CT334
5	刊物、著作出版机构	CHAR	40			
6	开始日期	DATS	8	指论文发表、论著出版日期		

1.5.7 专家称号信息

序号	信息项					关联码表
	名称	类型	长度	指标解释	维护要求	
1	专家称号类别	CHAR	2	指按国家及集团公司有关规定划分的专家类别	直属单位及以上级专家称号获得者必填	CT336
2	专家称号	CHAR	40	指按国家及集团公司有关规定获得的专家称号具体名称	直属单位及以上级专家称号获得者必填	
3	证书编号	CHAR	20		直属单位及以上级专家称号获得者必填	
4	批准年度	CHAR	4		直属单位及以上级专家称号获得者必填	
5	批准单位	CHAR	40		直属单位及以上级专家称号获得者必填	
6	批准文号	CHAR	20		直属单位及以上级专家称号获得者必填	

1.5.8 专业技术职务任职资格情况

序号	信息项					关联码表
	名称	类型	长度	指标解释	维护要求	
1	专业技术资格名称	CHAR	3	指经主管部门正式批准或确认的专业技术职务任职资格	具有专业技术资格人员必填	CT313
2	专业技术资格等级	CHAR	1		具有专业技术资格人员必填	CT312
3	申报类型	CHAR	1		具有专业技术资格人员必填	CT315
4	取得日期	DATS	8	指取得专业技术资格的正式批准日期	具有专业技术资格人员必填	
5	取得途径	CHAR	2	指取得专业技术资格的方式	具有专业技术资格人员必填	CT314
6	资格评定单位名称	CHAR	40	指颁发专业技术资格证书单位的名称	具有专业技术资格人员必填	
7	资格证编号	CHAR	20	指所取得专业技术资格证书的编号		
8	批准资格文号	CHAR	20		具有专业技术资格人员必填	
9	评审专业组	CHAR	4	指相应的专业技术资格评审组		CT316
10	证书备案日期	DATS	8	指个人将专业技术资格证书提交单位备案的日期		

1.5.9　专业技术职务聘任信息

序号	信息项					关联码表
	名称	类型	长度	指标解释	维护要求	
1	聘任专业技术职务名称	CHAR	3	指聘任的专业技术职务等级、分类及名称	聘任专业技术职务必填	CT313
2	开始日期	DATS	8	指专业技术职务聘任通知或聘书所确定的聘任起始日期	聘任专业技术职务必填	
3	结束日期	DATS	8	指专业技术职务聘任通知或聘书所确定的聘任终止日期	聘任专业技术职务必填	

1.5.10　职业技能鉴定申报信息

序号	信息项					关联码表
	名称	类型	长度	指标解释	维护要求	
1	鉴定职业(工种)	CHAR	5	指申报职业技能鉴定的工种	申报职业技能鉴定人员必填	CT321
2	申报职业技能等级	CHAR	2	指申报职业技能鉴定或考核评审的等级	申报职业技能鉴定人员必填	CT319
3	鉴定分类	CHAR	2	指申报职业技能鉴定的类别。如正常鉴定、转换工种等	申报职业技能鉴定人员必填	CT342
4	考试类型	CHAR	2		申报职业技能鉴定人员必填	CT343
5	考试地点	CHAR	40	指所申报的鉴定工种有多个考区时，所申报的具体地点	适用于有多个分散考区的工种	

1.5.11　高级技师评审申报信息

序号	信息项					关联码表
	名称	类型	长度	指标解释	维护要求	
1	申报职业(工种)	CHAR	5	指申报职业技能鉴定的职业(工种)	申报高级技师人员必填	CT321
2	申报评审专业组	CHAR	2	指申报评审的专业组	申报高级技师人员必填。由系统根据申报职业(工种)自动带出	CT346
3	申报类型	CHAR	2	指申报鉴定的类别。包括正常鉴定、转换工种等	申报高级技师人员必填	CT342

1.5.12 职业技能鉴定成绩信息

序号	信息项					关联码表
	名称	类型	长度	指标解释	维护要求	
1	鉴定职业(工种)	CHAR	5	指取得有关证书的职业技能鉴定或考核评审的工种	取得职业资格证书或通过考核评审的人员必填	CT321
2	职业技能等级	CHAR	2	指职业技能鉴定或考核评审的等级	取得职业资格证书或通过考核评审的人员必填	CT319
3	准考证号	CHAR	20			
4	开始日期	DATS	8	指考试通过日期	取得职业资格证书或通过考核评审的人员必填	
5	理论成绩	DEC	4，1			
6	技能成绩	DEC	4，1			
7	现场答辩成绩	DEC	4，1			
8	综合考评成绩	DEC	4，1			
9	现场答辩意见	CHAR	255			
10	评定结果	CHAR	1			CT810
11	鉴定机构代码	CHAR	8		石化系统内鉴定机构按照码表选择，石化系统外鉴定机构选择“其他鉴定机构”，并在“鉴定机构名称”中手工输入	CT345
12	鉴定机构名称	CHAR	20		由“鉴定机构代码”生成，石化系统外的鉴定机构需手工填写	
13	结束日期	DATS	8	指成绩有效期截止日期	参加职业技能鉴定或考核评审的人员必填。单项通过的按成绩保持有效的截止日期填写；全部通过的按系统默认设置	
14	备注	CHAR	100		参加竞赛取得的，需注明竞赛名称、级别等信息	

1.5.13 职业技能鉴定结果信息

序号	信息项					关联码表
	名称	类型	长度	指标解释	维护要求	
1	鉴定职业(工种)	CHAR	5	指通过职业技能鉴定或考核评审取得职业资格等级证书的工种	取得职业资格证书人员必填	CT321

续表

序号	信息项					关联码表
	名称	类型	长度	指标解释	维护要求	
2	职业技能等级	CHAR	2	指经国家批准的职业技能鉴定(考核)机构鉴定(考核)合格并取得相应职业资格证书的等级	取得职业资格证书人员必填	CT319
3	取得途径	CHAR	1		取得职业资格证书人员必填	CT320
4	开始日期	DATS	8	指经国家批准的职业技能鉴定(考核)机构鉴定(考核)合格并取得相应资格证书的日期	取得职业资格证书人员必填	
5	证书编号	CHAR	30	指经鉴定机构按照国家编码规则统一编制的资格等级证书编号	取得职业资格证书人员必填	
6	授予单位名称	CHAR	40	指相应的工人技术考评组织或职业技能鉴定机构名称	取得职业资格证书人员必填	
7	现工种最高等级标识	CHAR	1	用于区分鉴定职业(工种)为从事职业(工种)时最高的职业技能等级	有多条记录时，最多只有一条记录维护为最高等级	CT910
8	证书备案日期	DATS	8	指个人将职业技能鉴定证书提交单位备案的日期		

1.5.14　职业技能资格聘任信息

序号	信息项					关联码表
	名称	类型	长度	指标解释	维护要求	
1	鉴定职业(工种)	CHAR	5	详见 1.5.13 职业资格鉴定结果信息第 1 项	聘任职业技能资格人员必填	CT321
2	聘任职业技能等级	CHAR	3	详见 1.5.13 职业资格鉴定结果信息第 2 项	聘任职业技能资格人员必填	CT319
3	开始日期	DATS	8	指聘任起始日期	聘任职业技能资格人员必填	
4	结束日期	DATS	8	指聘任终止日期	聘任职业技能资格人员必填	

1.5.15　职业(上岗)资格证书信息

序号	信息项					关联码表
	名称	类型	长度	指标解释	维护要求	
1	证书类型	CHAR	2			CT324
2	证书名称	CHAR	3		可选择或手工输入	CT325
3	证书编号	CHAR	30			
4	特种作业领域	CHAR	2			CT322

续表

序号	信息项					关联码表
	名称	类型	长度	指标解释	维护要求	
5	发证机构	CHAR	40	指发证单位的简称		
6	国际职业资格认证标识	CHAR	1		属于国际职业资格认证的须填写“是”	CT910
7	发证日期	DATS	8			
8	复审日期	DATS	8			
9	到期日期	DATS	8			
10	备注	CHAR	100			

1.5.16 职业技能鉴定考评员资格(聘任)信息

序号	信息项					关联码表
	名称	类型	长度	指标解释	维护要求	
1	考评员级别	CHAR	1		职业技能鉴定考评员必填	CT323
2	鉴定职业(工种)	CHAR	5	指考评员有资格鉴定的工种	职业技能鉴定考评员必填	CT321
3	证书编号	CHAR	20		职业技能鉴定考评员必填	
4	发证机关	CHAR	40		职业技能鉴定考评员必填	
5	开始日期	DATS	8	指聘用起始日期	职业技能鉴定考评员必填	
6	结束日期	DATS	8	指聘用终止日期		
7	备注	CHAR	100	可注明发证日期		

1.5.17 技能荣誉情况

序号	信息项					关联码表
	名称	类型	长度	指标解释	维护要求	
1	技能荣誉等级	CHAR	2		仅限获得直属单位及以上技能荣誉者填写	CT337
2	技能荣誉名称	CHAR	40		仅限获得直属单位及以上技能荣誉者填写	
3	证书编号	CHAR	20		仅限获得直属单位及以上技能荣誉者填写	
4	开始日期	DATS	8	指荣誉获得日期	仅限获得直属单位及以上技能荣誉者填写	
5	获得方式	CHAR	1		仅限获得直属单位及以上技能荣誉者填写	CT338

续表

序号	信息项					关联码表
	名称	类型	长度	指标解释	维护要求	
6	授予单位名称	CHAR	40		仅限获得直属单位及以上技能荣誉者填写	
7	批准文号	CHAR	20			
8	国家及地方政府奖励金额(元)	CURR	10，2			
9	集团公司奖励金额(元)	CURR	10，2			
10	企业及基层单位奖励金额(元)	CURR	10，2			

1.5.18　职业技能竞赛信息

序号	信息项					关联码表
	名称	类型	长度	指标解释	维护要求	
1	竞赛名称	CHAR	40		直属单位以上技能竞赛取得名次的必填	
2	竞赛层次	CHAR	2		直属单位以上技能竞赛取得名次的必填	CT339
3	参赛年度	CHAR	4		直属单位以上技能竞赛取得名次的必填	
4	参赛工种	CHAR	5		直属单位以上技能竞赛取得名次的必填	CT321
5	技能竞赛获奖或名次	CHAR	3		直属单位以上技能竞赛取得名次的必填	
6	国家及地方政府奖励金额(元)	CURR	10，2			
7	集团公司奖励金额(元)	CURR	10，2			
8	企业及基层单位奖励金额(元)	CURR	10，2			

1.5.19　语言能力信息

序号	信息项					关联码表
	名称	类型	长度	指标解释	维护要求	
1	语种	CHAR	2	指掌握外国语言及我国少数民族语言的语种名称	经营管理及专业技术人员、高技能人员、海外工作人员必填	CT217

续表

序号	信息项					关联码表
	名称	类型	长度	指标解释	维护要求	
2	语言水平等级或熟练程度	CHAR	20		经营管理及专业技术人员、高技能人员、海外工作人员必填。填写语言水平等级，对熟练程度进行描述，如(英语)四级，可熟练翻译等	
3	参加外语考试日期	DATS	8		参加外语考试的人员填写	
4	外语考试种类及等级	CHAR	3	指参加外语考试的名称及等级	参加外语考试的人员填写	CT232
5	成绩(分数)	DEC	5，1		填写考试成绩的总分数	
6	成绩(备注)	CHAR	20		填写考试成绩的等级，例如：A、B、合格；或填写有多个部分的成绩，例如 GRE 分数：笔考 1200 分，机考 6 分	
7	听力成绩	DEC	2	指中国石化英语分级测试听力成绩		
8	口语成绩	DEC	2	指中国石化英语分级测试口语成绩		
9	听说总分	DEC	3	指中国石化英语分级测试听说成绩	系统根据听力成绩和口语成绩自动带出	
10	听说能力级别	CHAR	1	指中国石化英语分级测试听说能力级别	系统根据听力成绩和口语成绩自动带出	CT236
11	阅读成绩	DEC	2	指中国石化英语分级测试阅读成绩		
12	翻译写作成绩	DEC	2	指中国石化英语分级测试翻译写作成绩		
13	读写总分	DEC	3	指中国石化英语分级测试读写成绩	系统根据阅读成绩和翻译写作成绩自动带出	
14	读写能力级别	CHAR	1	指中国石化英语分级测试读写能力级别	系统根据阅读成绩和翻译写作成绩自动带出	CT236

1.5.20 专长情况

序号	信息项					关联码表
	名称	类型	长度	指标解释	维护要求	
1	专长专业类别	CHAR	4		经营管理及专业技术人员必填。根据本人工作经验、专业等填写 1~3 种专长(最多 3 种)	CT222
2	专长主次序号	DEC	1	用于标识此专长在本人所有专长中的排序号	经营管理及专业技术人员必填	
3	专长说明	CHAR	200	专长情况的简要描述		

1.5.21　业绩情况概述

序号	信息项					关联码表
	名称	类型	长度	指标解释	维护要求	
1	业绩概述	CHAR	1500		各类专家、高技能人才必填。概括性叙述本人主要工作业绩	
2	更新日期	DATS	8	指业绩概述更新日期	各类专家、高技能人才必填	

1.5.22　师带徒情况

序号	信息项					关联码表
	名称	类型	长度	指标解释	维护要求	
1	徒弟姓名	CHAR	40		带徒弟的人员填写	
2	培养目标	CHAR	50	指师徒协议中的培养目标和主要内容	带徒弟的人员填写	
3	开始日期	DATS	8	指带徒起始日期	带徒弟的人员填写	
4	结束日期	DATS	8	指带徒终止日期		
5	达到培养目标标识	CHAR	1			CT910

1.6　培训类

1.6.1　培训需求情况

序号	信息项					关联码表
	名称	类型	长度	指标解释	维护要求	
1	年度	CHAR	4	指举办培训班的年份	由培训计划需求上报单位维护	
2	专业(岗位、工种)	CHAR	20		由培训计划需求上报单位维护。专业(工种、岗位)要填写规范通用的专业(职业)名称	
3	培训对象类别	CHAR	2		由培训计划需求上报单位维护	CT811
4	培训对象描述	CHAR	30		由培训计划需求上报单位维护。培训对象表示为“领域+类别+层次”，如油田企业钻井首席专家	

续表

序号	信息项					关联码表
	名称	类型	长度	指标解释	维护要求	
5	培训内容	CHAR	30		由培训计划需求上报单位维护。概述重点培训的内容	
6	送培人数	DEC	3		由培训计划需求上报单位维护	
7	建议培训时间(天数)	DEC	3		由培训计划需求上报单位维护	
8	建议主办单位	CHAR	40		由培训计划需求上报单位维护	
9	牵头的总部部门	CHAR	40		由培训计划需求上报单位维护	
10	是否出国(境)培训	CHAR	1		由培训计划需求上报单位维护。出国(境)培训的须填写为“是”	CT910
11	培训自定义分类1	CHAR	4			
12	培训自定义分类2	CHAR	4			

1.6.2 培训计划信息

序号	信息项					关联码表
	名称	类型	长度	指标解释	维护要求	
1	年度	CHAR	4	指举办培训班起始时间的年份	由培训计划下达单位维护	
2	培训计划层级	CHAR	2	指该培训计划所属的管理层级	由培训计划下达单位维护。按照业务实际维护为总部、直属单位或二级单位	CT812
3	培训任务类别	CHAR	1		由培训计划下达单位维护	CT802
4	培训项目状态	CHAR	1	指培训计划的执行状态	由培训计划下达单位维护	CT801
5	培训项目代码	CHAR	8		由培训计划下达单位维护。自动带出	
6	培训项目名称	CHAR	20		由培训计划下达单位维护	
7	培训主要内容及课程	CHAR	50		由培训计划下达单位维护	
8	培训对象类别	CHAR	2		由培训计划下达单位维护	CT811
9	培训对象描述	CHAR	30		由培训计划下达单位维护。培训对象表示为“领域+类别+层次”，如油田企业钻井首席专家	
10	培训人数	DEC	5			
11	培训时间(天)	DEC	3			

续表

序号	信息项					关联码表
	名称	类型	长度	指标解释	维护要求	
12	开班日期	DATS	8			
13	主办单位	CHAR	20			
14	主办单位类别	CHAR	2			CT809
15	承办单位	CHAR	20			
16	办班地点	CHAR	20		填写到培训地点所在的市、区(县)	
17	联系人	CHAR	10			
18	联系电话	CHAR	20			
19	期数	DEC	2			
20	是否出国(境)培训	CHAR	1		出国(境)培训的须填写为“是”	CT910
21	国外培训天数	CHAR	3			
22	拟去国家(地区)	CHAR	20			
23	国外培训机构名称	CHAR	30			
24	组团单位	CHAR	30			
25	国外期数	DEC	2			
26	培训自定义分类 1	CHAR	4			
27	培训自定义分类 2	CHAR	4			

1.6.3　培训办班情况

序号	信息项					关联码表
	名称	类型	长度	指标解释	维护要求	
1	开始日期	DATS	8	指举办培训班的开始时间	系统内培训由培训班主办单位维护，系统外培训由参加培训的单位培训主管部门维护	
2	结束日期	DATS	8	指举办培训班的结束时间	系统内培训由培训班主办单位维护，系统外培训由参加培训的单位培训主管部门维护	
3	培训班名称	CHAR	40		系统内培训由培训班主办单位维护，系统外培训由参加培训的单位培训主管部门维护	
4	培训项目代码	CHAR	8		系统内培训由培训班主办单位维护，系统外培训由参加培训的单位培训主管部门维护	

续表

序号	信息项					关联码表
	名称	类型	长度	指标解释	维护要求	
5	培训任务类别	CHAR	1		系统内培训由培训班主办单位维护，系统外培训由参加培训的单位培训主管部门维护	CT802
6	培训对象类别	CHAR	2		系统内培训由培训班主办单位维护，系统外培训由参加培训的单位培训主管部门维护	CT811
7	培训对象描述	CHAR	30		系统内培训由培训班主办单位维护，系统外培训由参加培训的单位培训主管部门维护。培训对象表示为“领域+类别+层次”，如油田企业钻井首席专家	
8	培训类别	CHAR	2		系统内培训由培训班主办单位维护，系统外培训由参加培训的单位培训主管部门维护	CT803
9	培训内容类别	CHAR	2		系统内培训由培训班主办单位维护，系统外培训由参加培训的单位培训主管部门维护	CT804
10	培训形式	CHAR	1	指培训所采取的方式	系统内培训由培训班主办单位维护，系统外培训由参加培训的单位培训主管部门维护	CT805
11	总学时数	DEC	5，1	指培训班的实际总学时数	系统内培训由培训班主办单位维护，系统外培训由参加培训的单位培训主管部门维护	
12	累计脱产时间(天)	DEC	5，1	指参加某一培训累计脱产上课、考察、训练、项目研究等有关活动的天数	系统内培训由培训班主办单位维护，系统外培训由参加培训的单位培训主管部门维护	
13	学习形式	CHAR	1	可分为面授、远程、实训、面授和实训	系统内培训由培训班主办单位维护，系统外培训由参加培训的单位培训主管部门维护	CT806
14	培训主要内容及课程	CHAR	100		系统内培训由培训班主办单位维护，系统外培训由参加培训的单位培训主管部门维护。填写培训主要内容及课程的简要描述	

续表

序号	信息项					关联码表
	名称	类型	长度	指标解释	维护要求	
15	主办单位	CHAR	40	指主办和组织学习的单位名称	系统内培训由培训班主办单位维护，系统外培训由参加培训的单位培训主管部门维护	
16	主办单位类别	CHAR	2		系统内培训由培训班主办单位维护，系统外培训由参加培训的单位培训主管部门维护	CT809
17	承办单位名称	CHAR	40	指承办培训班的教育部门或单位	系统内培训由培训班主办单位维护，系统外培训由参加培训的单位培训主管部门维护	
18	办班地点	CHAR	40		系统内培训由培训班主办单位维护，系统外培训由参加培训的单位培训主管部门维护	
19	办班地点类别	CHAR	1		系统内培训由培训班主办单位维护，系统外培训由参加培训的单位培训主管部门维护	CT808
20	境外合作机构	CHAR	40	指培训班的境外承办或与境外合作的培训机构名称	出国(境)培训的填写	
21	培训所在国家	CHAR	2	指出国考察或在国外办班所在国家或地区	出国(境)培训的填写	CT102
22	出国(境)日期	DATS	8	指学员参加培训(考察)的出国离境时间	出国(境)培训的填写	
23	回国(境)日期	DATS	8	指学员参加培训(考察)的回国入境时间	出国(境)培训的填写	
24	参培人数	DEC	4	指参加本次培训班的实际学员数	系统内培训由培训班主办单位维护，系统外培训由参加培训的单位培训主管部门维护	
25	合格人数	DEC	4		系统内培训由培训班主办单位维护，系统外培训由参加培训的单位培训主管部门维护	
26	培训费用额度(元)	CURR	13，2		系统内培训由培训班主办单位维护，系统外培训由参加培训的单位培训主管部门维护	
27	培训自定义分类 1	CHAR	4			
28	培训自定义分类 2	CHAR	4			

1.6.4 员工参加培训情况

序号	信息项					关联码表
	名称	类型	长度	指标解释	维护要求	
1	培训班名称	CHAR	40		参加相关培训人员填写	
2	主办单位类别	CHAR	2		参加相关培训人员填写	CT809
3	系统内其他直属单位办班标识	CHAR	1	用于标识参加由中国石化系统内其他直属单位举办的培训班	参加相关培训人员填写。参加系统内其他直属单位办班须填写“是”	CT910
4	开始日期	DATS	8		参加相关培训人员填写	
5	结束日期	DATS	8		参加相关培训人员填写	
6	培训类别	CHAR	2			CT803
7	培训对象类别	CHAR	2			CT811
8	培训对象描述	CHAR	30			
9	培训内容类别	CHAR	2			CT804
10	参加培训形式	CHAR	1			CT805
11	总学时数	DEC	5，1	指实际学习的累计学时数	参加相关培训人员填写	
12	累计脱产时间(天)	DEC	5，1	指学员参加该培训班的累计脱产天数	参加相关培训人员填写	
13	培训结果	CHAR	1		参加相关培训人员填写	CT810
14	取得证书名称(编号)	CHAR	20		参加相关培训人员填写	
15	培训费用(元)	CURR	13，2		参加相关培训人员填写	
16	费用承担单位	CHAR	2		参加相关培训人员填写。按照业务实际填写集团公司、直属单位、二级单位或其他，可多选	CT813
17	培训自定义分类 1	CHAR	4			
18	培训自定义分类 2	CHAR	4			

1.6.5 员工参加远程教育情况

序号	信息项					关联码表
	名称	类型	长度	指标解释	维护要求	
1	开始日期	DATS	8	指课程的学习开始时间	由远程培训系统集成	
2	结束日期	DATS	8	指课程的学习结束时间	由远程培训系统集成	
3	远程培训班编号	CHAR	27		由远程培训系统集成	
4	远程培训班名称	CHAR	200		由远程培训系统集成	
5	课程编码	CHAR	27		由远程培训系统集成	

续表

序号	信息项					关联码表
	名称	类型	长度	指标解释	维护要求	
6	课程名称	CHAR	255		由远程培训系统集成	
7	远程学习形式	CHAR	1		由远程培训系统集成	CT807
8	远程学习课时数	DEC	4，1		由远程培训系统集成	
9	远程学习学分	DEC	4，1		由远程培训系统集成	
10	远程学习结果	CHAR	1		由远程培训系统集成	CT814

1.6.6 内部讲师信息

序号	信息项					关联码表
	名称	类型	长度	指标解释	维护要求	
1	专职标识	CHAR	1		专职教师填写“是”	CT910
2	教师级别	CHAR	1		内部培训教师必填	CT812
3	擅长授课专业及课程	CHAR	100		内部培训教师必填	
4	开始日期	DATS	8	指担任内部培训教师起始日期	内部培训教师必填	
5	结束日期	DATS	8	指担任内部培训教师终止日期	内部培训教师必填	
6	备注	CHAR	100			

1.6.7 外部培训教师情况

序号	信息项					关联码表
	名称	类型	长度	指标解释	维护要求	
1	姓名	CHAR	40			
2	性别	CHAR	1			CT202
3	国籍	CHAR	2	指公民的身份国别		CT102
4	工作单位	CHAR	20	指外部培训教师所属的工作单位		
5	职称/职务	CHAR	20			
6	身份证号	CHAR	18	指外部培训教师的中国居民身份证号码		
7	主讲课程	CHAR	40			
8	通讯地址	CHAR	40			
9	邮政编码	CHAR	6	指外部培训教师有效通讯地址的邮政编码		
10	移动电话	CHAR	20	指本人所使用的移动电话号码		
11	工作电话	CHAR	20	指本人的办公电话号码		
12	电子邮件	CHAR	30	指本人的电子信箱地址		

1.7 考核奖惩类

1.7.1 职代会民主评议领导班子情况

序号	信息项					关联码表
	名称	类型	长度	指标解释	维护要求	
1	民主评议日期	DATS	8		直属单位及以上级别的填写	
2	届次	CHAR	10		直属单位及以上级别的填写	
3	应到人数	DEC	3		直属单位及以上级别的填写	
4	实到人数	DEC	3		直属单位及以上级别的填写	
5	基层代表人数	DEC	3	指实到基层代表的人数	直属单位及以上级别的填写	
6	中层以上管理人员人数	DEC	3	指实到中层以上管理人员人数	直属单位及以上级别的填写	
7	发放总票数	DEC	3		直属单位及以上级别的填写	
8	收回总票数	DEC	3		直属单位及以上级别的填写	
9	有效总票数	DEC	3		直属单位及以上级别的填写	
10	评价等级	CHAR	1		直属单位及以上级别的填写	CT605
11	票数(评价为“好”)	DEC	3		直属单位及以上级别的填写	

1.7.2 领导班子考核信息

序号	信息项					关联码表
	名称	类型	长度	指标解释	维护要求	
1	考核类型	CHAR	1		直属单位及以上级别的填写	CT601
2	考核开始日期	DATS	8		直属单位及以上级别的填写	
3	考核结束日期	DATS	8		直属单位及以上级别的填写	
4	考核组构成描述	CHAR	100		直属单位及以上级别的填写	
5	召开民主测评会议日期	DATS	8		直属单位及以上级别的填写	
6	考核结果等级	CHAR	1		直属单位及以上级别的填写	CT605

1.7.3 领导班子综合考核评价情况

序号	信息项					关联码表
	名称	类型	长度	指标解释	维护要求	
1	考核类型	CHAR	1		对直属单位领导班子的综合考评必填	CT601
2	考核日期	DATS	8		对直属单位领导班子的综合考评必填	

续表

序号	信息项					关联码表
	名称	类型	长度	指标解释	维护要求	
3	考核组构成描述	CHAR	100	指考核组成员	对直属单位领导班子的综合考评必填。填写考核组成员姓名，姓名之间以“、”号隔开	
4	考核结果得分	CHAR	5，2		对直属单位领导班子的综合考评必填	
5	综合考核评价结果等级	CHAR	1		对直属单位领导班子的综合考评必填	CT605

1.7.4　领导班子巡视情况

序号	信息项					关联码表
	名称	类型	长度	指标解释	维护要求	
1	巡视起始日期	DATS	8		直属单位及以上巡视情况必填	
2	巡视结束日期	DATS	8		直属单位及以上巡视情况必填	
3	巡视组成员	CHAR	100		直属单位及以上巡视情况必填。填写巡视组成员姓名，姓名之间用“、”隔开	

1.7.5　领导干部考核考察情况

序号	信息项					关联码表
	名称	类型	长度	指标解释	维护要求	
1	考核考察类型	CHAR	1		对中层以上班子考核必填	CT602
2	考核考察日期	DATS	8		对中层以上班子考核必填	
3	考核考察组成员描述	CHAR	100		对中层以上班子考核必填。填写考核考察组成员姓名，姓名之间用“、”隔开	
4	召开民主测评会议日期	DATS	8		对中层以上班子考核必填	

1.7.6　单位绩效考核情况

序号	信息项					关联码表
	名称	类型	长度	指标解释	维护要求	
1	考核周期	CHAR	2	指考核的固定时间段	由考核组织部门填写	CT604
2	考核期间起始日期	DATS	8		由考核组织部门填写	
3	考核期间结束日期	DATS	8		由考核组织部门填写	

续表

序号	信息项					关联码表
	名称	类型	长度	指标解释	维护要求	
4	单位绩效考核得分	DEC	5，2		由考核组织部门填写	
5	班子绩效考核结果等级	CHAR	1		由考核组织部门填写	CT606
6	班子绩效考核得分	DEC	5，2		由考核组织部门填写	

1.7.7 员工考核信息

序号	信息项					关联码表
	名称	类型	长度	指标解释	维护要求	
1	考核类型	CHAR	1		由考核组织部门填写	CT603
2	开始日期	DATS	8	考核期间起始日期	由考核组织部门填写	
3	结束日期	DATS	8	考核期间结束日期	由考核组织部门填写	
4	考核得分	DEC	4，1		由考核组织部门填写	
5	考核结果评价等级	CHAR	2		由考核组织部门填写	CT605
6	考核结果等级2	CHAR	1		由考核组织部门填写	CT609
7	关键事件记录	CHAR	25		由考核组织部门填写	
8	已用调标进档标识	CHAR	1		由考核组织部门填写	
9	基本薪酬两年考核晋档标识	CHAR	1		由系统根据近两个年度的考核结果自动带出	CT910
10	基本薪酬四年考核晋档标识	CHAR	1		由系统根据近四个年度的考核结果自动带出	CT910
11	备注	CHAR	72			

1.7.8 奖惩(行政及党内)信息

序号	信息项					关联码表
	名称	类型	长度	指标解释	维护要求	
1	奖惩类别	CHAR	3	指因某种业绩、成就或因某种过失、错误受到党和国家某级组织给予的物质、荣誉奖励或惩处的类别	获得地市级[直属单位、分(子)公司]以上奖励的必填	CT607
2	奖惩情况描述	CHAR	60	指所受奖励、惩处的具体情况的简要描述	奖惩类别不为“空”的必填。奖励填写格式为“经何单位批准获得何种奖励、记功”；受处分填写格式为“因何问题经何单位批准受何种处分”；撤销处分填写格式为“经何单位批准撤销何种处分”	

续表

序号	信息项					关联码表
	名称	类型	长度	指标解释	维护要求	
3	奖惩年度	CHAR	4			
4	奖惩级别	CHAR	1	指因某种业绩成就或因某种过失、错误受到何种级别组织给予的物质、荣誉奖励或惩处的级别	奖惩类别不为“空”的必填	CT328
5	奖惩原因	CHAR	2	指因某种业绩成就或因某种过失、错误受到何种级别组织给予的物质、荣誉奖励或惩处的原因	奖惩类别不为“空”的必填	CT608
6	奖惩批准日期	DATS	8	指某级组织给予的某类物质、荣誉奖励或受惩处的时间	奖惩类别不为“空”的必填	
7	奖惩批准单位	CHAR	40	指给予奖励或惩处的某级机构的名称	奖惩类别不为“空”的必填	
8	奖惩撤销日期	DATS	8	指撤销奖励、惩处的具体时间		

1.8 时间管理类

1.8.1 计划工作时间情况

序号	信息项					关联码表
	名称	类型	长度	指标解释	维护要求	
1	工作计划规则	CHAR	8	指员工的劳动组织形式。例如常白班、四班二倒、五班三倒等	必填。根据员工的实际情况维护，系统默认为“常白班”	

1.8.2 出勤信息

序号	信息项					关联码表
	名称	类型	长度	指标解释	维护要求	
1	出勤类型	CHAR	4		企业自定义配置	
2	开始时间	TIMS	6	指出勤开始时间	出勤不满一整天的时候使用，精确到分钟	
3	结束时间	TIMS	6	指出勤结束时间	出勤不满一整天的时候使用，精确到分钟	
4	出勤时数	DEC	7，2	指出勤的小时数	由开始时间、结束时间自动带出，可以保留两位小数	
5	出勤天数	DEC	6，2	指考勤周期内的工作天数	自动带出	

1.8.3 缺勤及休假信息

序号	信息项					关联码表
	名称	类型	长度	指标解释	维护要求	
1	缺勤及休假类型	CHAR	4	用于记录旷工或年休假等缺勤或休假信息	企业自定义配置	CT701
2	缺勤开始时间	TIMS	6		缺勤不满一整天的时候使用，精确到分钟	
3	缺勤结束时间	TIMS	6		缺勤不满一整天的时候使用，精确到分钟	
4	缺勤时数	DEC	7，2	指缺勤的小时数	由开始时间、结束时间自动带出，可以保留两位小数	
5	缺勤天数	DEC	6，2	指考勤周期内缺勤的工作天数	自动带出	

1.8.4 替班信息

序号	信息项					关联码表
	名称	类型	长度	指标解释	维护要求	
1	替班类型	CHAR	2		仅限考勤过程管理的单位填写	CT704
2	被替班人员编号	NUMC	8		替班类型不为“空”的必填	

1.8.5 加班信息

序号	信息项					关联码表
	名称	类型	长度	指标解释	维护要求	
1	开始时间	TIMS	6			
2	结束时间	TIMS	6			
3	加班时数	DEC	7，2	指加班的小时数	系统根据加班开始时间和结束时间自动带出	
4	加班补偿类型	CHAR	1	指加班的支付报酬方式。如补休或支付加班工资等	法定节假日加班的加班补偿类型须维护“支付加班费”	CT703

1.8.6 出勤定额信息

序号	信息项					关联码表
	名称	类型	长度	指标解释	维护要求	
1	出勤定额类型	CHAR	2	指出勤额度的类别。如已核准的加班	企业自定义配置	

续表

序号	信息项					关联码表
	名称	类型	长度	指标解释	维护要求	
2	定额天数	DEC	10，5	指已核准的加班的天数		
3	加班补偿类型	CHAR	1	指加班的支付报酬方式，例如补休或支付加班工资等		CT703

1.8.7　缺勤及休假定额信息

序号	信息项					关联码表
	名称	类型	长度	指标解释	维护要求	
1	缺勤及休假定额类型	CHAR	2	指缺勤或休假额度的类别。如年休假、探亲假等	企业自定义配置	
2	定额天数	DEC	10，5			

1.8.8　考勤结果信息

序号	信息项					关联码表
	名称	类型	长度	指标解释	维护要求	
1	考勤项目	CHAR	4	指当前考勤周期内记录满足工资计算或统计需求的考勤汇总结果。如加班天数、夜班个数、值班天数等	根据企业实际情况确定	
2	数量	DEC	7，2	记录考勤项目的具体天数或小时数，可以有两位小数		
3	金额(元)	CURR	13，2	指依据考勤结果支付或扣减的薪酬		
4	备注	CHAR	100	记录员工考勤信息的特殊备注说明，也可记录考勤审批过程中的审批意见		

1.9　薪酬保险类

1.9.1　人工成本计划信息

序号	信息项					关联码表
	名称	类型	长度	指标解释	维护要求	
1	计划起始日期	DATS	8		由计划上报或下达单位填写	

续表

序号	信息项					关联码表
	名称	类型	长度	指标解释	维护要求	
2	计划结束日期	DATS	8		由计划上报或下达单位填写	
3	人工成本计划类型	CHAR	1		计划上报数由计划上报单位填写；预核数和控制数由计划下达单位填写	CT719
4	人工成本单位类别	CHAR	1		由计划上报或下达单位填写	CT120
5	平均人数项目	CHAR	8	指人工成本涉及的各类人员的平均人数	自动带出	CT720
6	人数	DEC	8		由计划上报或下达单位填写	
7	人工成本构成项目	CHAR	8		自动带出	CT721
8	金额(元)	CURR	17，2		由计划上报或下达单位填写	
9	批准日期	DATS	8		由计划上报或下达单位填写	
10	批准文号	CHAR	20		有批准文件的单位填写	
11	备注	CHAR	50		由计划上报单位填写。描述人工年成本计划上报时测算的依据或方法	

1.9.2 人工成本实际发生情况

序号	信息项					关联码表
	名称	类型	长度	指标解释	维护要求	
1	起始日期	DATS	8		由上报单位填写	
2	结束日期	DATS	8		由上报单位填写	
3	人工成本单位类别	CHAR	1		由上报单位填写	CT120
4	平均人数项目	CHAR	8		自动带出	CT720
5	人数	DEC	8		由上报单位填写	
6	人工成本构成项目	CHAR	8		自动带出	CT721
7	金额(元)	CURR	17，2		由上报单位填写	
8	工资总额使用情况	CHAR	8		自动带出	CT717
9	金额(元)	CURR	17，2		由上报单位填写	
10	生产经营相关信息	CHAR	8		自动带出	CT722
11	金额(元)	CURR	17，2		由上报单位填写	

1.9.3 单位人工成本手工录入信息

序号	信息项					关联码表
	名称	类型	长度	指标解释	维护要求	
1	起始日期	DATS	8		财务上独立核算的单位填写	

续表

序号	信息项					关联码表
	名称	类型	长度	指标解释	维护要求	
2	结束日期	DATS	8		财务上独立核算的单位填写	
3	人工成本手工录入项目	CHAR	2		财务上独立核算的单位填写。记录劳务费用和培训费用等，以及其他各单位需要管理、控制的不能分解到个人的费用	CT718
4	金额(元)	CURR	17，2		财务上独立核算的单位填写	
5	备注	CHAR	100			

1.9.4　总部工资总额控制信息

序号	信息项					关联码表
	名称	类型	长度	指标解释	维护要求	
1	工资总额计划类型	CHAR	1		由计划下达单位填写	CT723
2	计划起始日期	DATS	8		由计划下达单位填写	
3	计划终止日期	DATS	8		由计划下达单位填写	
4	工资总额(元)	CURR	17，2		由计划下达单位填写	
5	总部工资总额控制项目	CHAR	4		由计划下达单位填写	CT724
6	金额(元)	CURR	17，2		由计划下达单位填写	
7	单列管理单位情况说明	CHAR	100		由计划下达单位填写	
8	调整因素(元)	CURR	13，2		由计划下达单位填写	
9	调整因素备注	CHAR	100		由计划下达单位填写	
10	批准日期	DATS	8		由计划下达单位填写	
11	批准文号	CHAR	20		有批准文件的填写	

1.9.5　企业工资总额控制信息

序号	信息项					关联码表
	名称	类型	长度	指标解释	维护要求	
1	工资总额控制类型	CHAR	1		由计划下达单位填写	CT715
2	起始日期	DATS	8		由计划下达单位填写	
3	终止日期	DATS	8		由计划下达单位填写	
4	工资总额(元)	CURR	17，2		由计划下达单位填写	
5	企业工资总额控制项目	CHAR	1		由计划下达单位填写	CT716
6	金额(元)	CURR	17，2		由计划下达单位填写	

续表

序号	信息项					关联码表
	名称	类型	长度	指标解释	维护要求	
7	批准日期	DATS	8		由计划下达单位填写	
8	批准文号	CHAR	20		有批准文件的填写	
9	备注	CHAR	100			

1.9.6 基本工资情况

序号	信息项					关联码表
	名称	类型	长度	指标解释	维护要求	
1	工资类型	CHAR	2	指员工执行的薪酬制度的类型	必填。企业自定义配置	
2	工资项目	CHAR	8	指具体执行的工资类别	必填	
3	工资等级	CHAR	10	指执行的薪酬制度等级	必填	
4	工资区域	CHAR	2	用于划分企业执行的薪酬制度	必填	
5	金额(元)	CURR	13，2	指对应薪酬制度等级的标准值	必填	
6	工资变动日期	DATS	8	指执行薪酬制度等级标准值的开始日期	必填	
7	工资变动原因	CHAR	5	导致工资变化的原因		CT706
8	工资变动依据或文件	CHAR	30	指变动工资时所依据的上级单位的发文号，包括发文机关代字、年号、顺序号		

1.9.7 奖金情况

序号	信息项					关联码表
	名称	类型	长度	指标解释	维护要求	
1	奖金项目	CHAR	4	指具体执行的奖金类别	必填	
2	金额(元)	CURR	13，2	指对应奖金类别的额度	奖金项目不为“空”的必填	
3	付款日期	DATS	8	用于奖金单独计算时填写的具体日期	必填	

1.9.8 津、补贴情况

序号	信息项					关联码表
	名称	类型	长度	指标解释	维护要求	
1	津、补贴项目	CHAR	4	指具体执行的津、补贴类别	必填	
2	金额(元)	CURR	13，2	指对应津、补贴类别的额度	津、补贴项目不为“空”的必填	

1.9.9　总部统计工资项信息

序号	信息项					关联码表
	名称	类型	长度	指标解释	维护要求	
1	总部统计工资项	CHAR	2	指总部统一的个人收入及扣款项目，其中“业绩奖金”含年终根据企业考核等情况发放的奖金	必填	CT705
2	金额(元)	CURR	13，2		必填	

1.9.10　基本社会保险信息

序号	信息项					关联码表
	名称	类型	长度	指标解释	维护要求	
1	基本社会保险类型	CHAR	4			CT707
2	开始日期	DATS	8	指员工社会保险账户开户、转入、启封的日期		
3	结束日期	DATS	8	指员工社会保险账户销户、转出、封存的日期		
4	基本社会保险帐号	CHAR	25	指社会保险经办机构用于记录员工基本社会保险相关信息的唯一账号		
5	缴费更改原因	CHAR	2	指缴费状态改变的原因		CT708
6	个人缴费基数	CURR	13，2	指个人当前缴费周期内的各项基本社会保险缴费基数		
7	个人缴纳比例	DEC	7，2	指个人缴纳的基本社会保险的比例		
8	个人缴费金额(元)	CURR	13，2	指每期个人缴纳的基本社会保险的金额		
9	单位缴费基数	CURR	13，2	指单位当前缴费周期内的各项基本社会保险的缴纳基数		
10	单位缴纳比例	DEC	7，2	指单位缴纳的基本社会保险费的比例		
11	单位缴费金额(元)	CURR	13，2	指每期单位缴纳的基本社会保险的金额		
12	大额医疗互助个人缴费(元)	CURR	13，2	指建立大额互助资金中按规定个人应缴纳的费用		
13	视同缴费年限	DEC	3	指已参保职工在 1995 年底前按国家政策规定可计算的连续工龄		
14	缴纳地区	CHAR	2	指基本社会保险缴纳的地区		

续表

序号	信息项					关联码表
	名称	类型	长度	指标解释	维护要求	
15	缴纳规则	CHAR	2	指员工缴费所对应的社会保险缴纳规则	一个企业可以有多个规则	
16	缴纳分组	CHAR	4	指员工缴费所对应的社会保险缴纳规则的细分		
17	缴纳级别	CHAR	2	是对缴纳分组的细分。用于划分员工的缴纳比例		
18	缴纳方式	CHAR	1	用于标识社会保险的缴纳方式		CT709
19	个人补缴费用(元)	CURR	13，2			

1.9.11 补充医疗保险信息

序号	信息项					关联码表
	名称	类型	长度	指标解释	维护要求	
1	开始日期	DATS	8	指缴费的开始日期		
2	结束日期	DATS	8	指缴费的结束日期		
3	补充医疗保险账号	CHAR	25			
4	缴费更改原因	CHAR	2	补充医疗保险缴费变更的原因描述		CT708
5	缴费基数	CURR	13，2			
6	缴费比例	DEC	7，2			
7	缴费金额(元)	CURR	13，2			
8	补缴费用(元)	CURR	13，2	指补交补充医疗保险的金额		

1.9.12 企业年金

序号	信息项					关联码表
	名称	类型	长度	指标解释	维护要求	
1	开始日期	DATS	8	指缴费的起始日期		
2	结束日期	DATS	8	指缴费的终止日期		
3	企业年金账号	CHAR	25			
4	缴费中止日期	DATS	8			
5	缴费停止原因	CHAR	2			
6	缴费基数	CURR	13，2			
7	个人账户储存额(含收益)	CURR	13，2			

续表

序号	信息项					关联码表
	名称	类型	长度	指标解释	维护要求	
8	其中：个人缴费本金累计额	CURR	13，2			
9	单位缴费本金累计额	CURR	13，2			
10	单位缴费划入个人账户比例	DEC	7，2			
11	单位缴费划入个人账户金额	DEC	7，2			
12	单位激励性缴费	CURR	13，2			

1.9.13　住房公积金信息

序号	信息项					关联码表
	名称	类型	长度	指标解释	维护要求	
1	开始日期	DATS	8	指缴费的开始日期		
2	结束日期	DATS	8	指缴费的结束日期		
3	住房公积金账号	CHAR	25			
4	缴费更改原因	CHAR	2	指住房公积金缴费状态改变的原因		CT708
5	缴费基数	CURR	13，2			
6	个人缴纳比例	DEC	7，2	按规定核定的职工个人缴纳住房公积金的比例		
7	个人缴费金额(元)	CURR	13，2	指个人每期交纳的住房公积金的金额		
8	单位缴纳比例	DEC	7，2			
9	单位缴费金额(元)	CURR	13，2			
10	缴纳地区	CHAR	2	指住房公积金缴纳的地区		
11	缴纳规则	CHAR	2	指员工缴费所对应的住房公积金缴纳规则		
12	缴纳分组	CHAR	4	指员工缴费所对应的住房公积金缴纳规则的细分		
13	缴纳级别	CHAR	2	是对缴纳分组的细分。用于划分员工的缴纳比例		
14	缴纳方式	CHAR	1			CT709
15	个人补缴费用(元)	CURR	7，2			
16	补缴费用(元)	CURR	7，2			

1.9.14 个人所得税信息

序号	信息项					关联码表
	名称	类型	长度	指标解释	维护要求	
1	税收范围	CHAR	2	指员工纳税所在区域	必填，系统默认为中国	CT711
2	税收人员类型	CHAR	1	区分享受不同纳税政策的纳税人员类别	必填	CT712
3	个税起征点	CURR	13，2		自动带出	
4	残疾人免税比例	DEC	4，2	根据《中华人民共和国个人所得税法》有关残疾人免税条款执行的比例	享受免税政策的残疾人填写	
5	残疾人免税批准文号	CHAR	20		享受免税政策的残疾人填写	
6	免税标识	CHAR	1	选择此字段，员工工资不纳税	免交个人所得税人员填写"是"	CT910

1.9.15 银行账户信息

序号	信息项					关联码表
	名称	类型	长度	指标解释	维护要求	
1	账户类型	CHAR	4		必填	CT713
2	收款人	CHAR	8		必填。须与银行账号的姓名一致	
3	银行所在国家	CHAR	2	指银行所在国家名称	必填	CT102
4	银行代码	CHAR	15	指企业支付员工薪酬所对应的开户行编码	必填	
5	银行账户	CHAR	18	指员工的开户银行的账号	必填	
6	支付方式	CHAR	1	用于标识员工工资的支付方式，分为现金支付或是银行转账	必填	CT714

1.9.16 基本薪酬运行区间

序号	信息项					关联码表
	名称	类型	长度	指标解释	维护要求	
1	开始日期	DATS	8			
2	结束日期	DATS	8			
3	历史最高运行区间(最低档)	CHAR	2	指员工曾经的最高基本薪酬档次运行区间的最低档次		
4	历史最高运行区间(最高档)	CHAR	2	指员工曾经的最高基本薪酬档次运行区间的最高档次		

续表

序号	信息项					关联码表
	名称	类型	长度	指标解释	维护要求	
5	现岗位运行区间(最低档)	CHAR	2	指员工在当前岗位的基本薪酬档次运行区间最低档次		
6	现岗位运行区间(最高档)	CHAR	2	指员工在当前岗位的基本薪酬档次运行区间最高档次		
7	生成运行区间标识	CHAR	1		由系统根据岗位要求和个人资质生成运行区间的方式，不可修改	CT731
8	全区间运行标识	CHAR	1	用于标识基本薪酬运行区间不受限制的人员		CT910

1.9.17　岗薪联动人员资质信息

序号	信息项					关联码表
	名称	类型	长度	指标解释	维护要求	
1	开始日期	DATS	8			
2	结束日期	DATS	8			
3	联动资质等级	CHAR	2		由系统根据岗位要求和个人资质生成的基本薪酬资质等级	CT732
4	联动资质等级(调整)	CHAR	2		当系统生成的“联动资质等级”与单位实际认定的不一致时，手工维护	CT732

1.9.18　财务集成

序号	信息项					关联码表
	名称	类型	长度	指标解释	维护要求	
1	公司代码	NUMC	4	指公司代码由财务部门提供，作为人事范围对应的依据	必填	
2	成本中心	NUMC	10	指对成本具有可控性的责任单位	可在机构、岗位、人员维护，系统默认继承上级机构的成本中心	
3	业务范围	CHAR	4	指依据财务规定划分的范围	纳入财务过账范围的必填	
4	功能范围	CHAR	4	指财务管理对成本费用的归集		

第2章　码　　表

2.1　码表一览表

序号	关联代码	码表名称	是否国标/行业标准	备　注
1	CT101	中国行政区划代码	√	
2	CT102	世界各国和地区名称代码	√	
3	CT103	所属行业代码	√	
4	CT104	经济类型代码	√	
5	CT105	企/事业单位标识代码	√	
6	CT106	工商登记执照种类代码		
7	CT107	企业规模类型代码	√	
8	CT108	行政级别代码		
9	CT109	集团/股份标识代码		
10	CT110	所属板块代码		
11	CT111	事业部类别代码		
12	CT112	单位业务类别代码		
13	CT113	单位业务大类代码		按照单位业务类别自动带出
14	CT114	机构层次代码		
15	CT115	机关部门管理职能分类代码		
16	CT116	基层机构类别代码		
17	CT117	分流单位类型代码		
18	CT118	党委组成形式代码		
19	CT119	中心组学习形式代码		
20	CT120	人工成本单位类别代码		
21	CT121	海外机构类型代码		
22	CT122	海外岗位类别代码		
23	CT123	博士后站类别代码		
24	CT124	项目级别代码		
25	CT125	油品销售企业行政属性代码		
26	CT126	油品销售企业业务属性代码		
27	CT127	油品销售企业管理层级代码		
28	CT128	加油站属性代码		

续表

序号	关联代码	码表名称	是否国标/行业标准	备　　注
29	CT129	加油站类型代码		
30	CT130	加油站地理属性代码		
31	CT131	加油站星级代码		
32	CT132	加油站营业状态代码		
33	CT133	加油站日均营业时间代码		
34	CT134	单位业务分布代码		
35	CT136	海外机构执行外派薪酬分类代码		
36	CT137	海外机构业务类别代码		
37	CT139	外派海外地区风险等级代码		
38	CT140	海外岗位重要性类别代码		
39	CT141	项目部类型代码		
40	CT142	项目规模代码		
41	CT151	薪酬联动岗位分类代码		
42	CT152	薪酬联动资质类别代码		
43	CT201	人员类别代码		
44	CT202	性别代码	√	
45	CT203	民族代码	√	
46	CT204	政治面貌代码	√	
47	CT205	健康状况代码	√	
48	CT206	婚姻状况代码	√	
49	CT207	家庭关系代码	√	
50	CT208	户口性质代码	√	
51	CT209	港澳台侨属标识代码	√	
52	CT210	证件类型代码		
53	CT211	学历代码	√	
54	CT212	学位代码	√	
55	CT213	所学专业类别代码	√	
56	CT214	从学方式代码		
57	CT215	从学单位类型代码		
58	CT216	毕业学校及单位代码	√	
59	CT217	语种名称代码	√	
60	CT218	留学类别代码		
61	CT219	出国(境)日的代码		
62	CT220	岗位状态代码		
63	CT221	职位层级序列代码		
64	CT222	从事专业类别代码		
65	CT223	岗位工时制代码		

续表

序号	关联代码	码表名称	是否国标/行业标准	备　注
66	CT224	薪酬标杆岗位类别代码		
67	CT225	劳动合同类别代码	√	
68	CT226	劳动合同标识代码		
69	CT227	集体合同签订标识代码		
70	CT228	协议类型代码		
71	CT229	户口类别代码		
72	CT230	个人身份代码		
73	CT231	国内派往海外用工类型代码		
74	CT232	外语考试种类及等级代码		
75	CT233	血型代码	√	
76	CT234	视觉障碍类型代码		
77	CT235	总部统计唯一标识代码		
78	CT236	外语能力等级码表		
79	CT237	宗教信仰代码	√	
80	CT238	院校性质代码		
81	CT239	岗位类别代码		
82	CT301	领导人员管理层级代码		
83	CT302	干部职务名称代码		
84	CT303	干部职务类别代码		
85	CT304	任职属性代码		
86	CT305	任职方式代码		
87	CT306	降(免)职原因代码		
88	CT307	交流任职类别代码		
89	CT308	兼职类型代码		
90	CT309	培养目标代码		
91	CT310	后备干部成熟程度代码		
92	CT311	备用情况代码		
93	CT312	专业技术资格等级代码		
94	CT313	专业技术资格名称代码		
95	CT314	专业技术资格取得途径代码		
96	CT315	申报类型代码		
97	CT316	申报(评审)专业组代码		
98	CT317	职称外语考试类型代码		
99	CT318	计算机考试类别代码		
100	CT319	职业技能资格等级代码	√	
101	CT320	职业技能资格取得途径代码		
102	CT321	职业(工种)代码		

续表

序号	关联代码	码表名称	是否国标/行业标准	备注
103	CT322	特种作业领域代码		
104	CT323	考评员级别代码		
105	CT324	资格证书类型代码		
106	CT325	资格证书名称代码		
107	CT326	技术项目类别代码		
108	CT327	学科分类代码	√	
109	CT328	项目(奖励)级别代码		
110	CT329	项目中担任角色代码		
111	CT330	科技获奖类别代码		
112	CT331	技术成果类别代码		
113	CT332	技术成果水平代码		
114	CT333	专利类别代码		
115	CT334	论文、论著作者身份代码		
116	CT335	排名代码		
117	CT336	专业人才及奖励类别代码		
118	CT337	技能人才及奖励类别代码		
119	CT338	技能荣誉获得方式代码		
120	CT339	职业技能竞赛层次代码		
121	CT340	办理特殊工种提前退休标识代码		
122	CT341	职务变动类别代码		
123	CT342	职业技能鉴定分类代码		
124	CT343	职业技能考试类型代码		
125	CT344	免职方式代码		
126	CT345	职业技能鉴定机构代码		
127	CT346	高级技师评审申报专业组代码		按照高级技师评审申报职业(工种)自动带出
128	CT401	退出现役军人(武警)标识代码	√	
129	CT402	复转前大单位代码	√	
130	CT403	复转时健康与伤残情况代码	√	
131	CT404	军(警)衔/文职级代码	√	
132	CT405	军队职务(技术)等级代码	√	
133	CT406	复转安置方式代码	√	
134	CT407	六类人员(服役10年以上)代码	√	
135	CT408	复转人员配偶就业情况代码	√	
136	CT409	复转人员家庭经济情况代码	√	
137	CT410	伤病类型代码	√	
138	CT411	工伤致残等级代码	√	

续表

序号	关联代码	码表名称	是否国标/行业标准	备注
139	CT412	工伤护理等级代码	√	
140	CT413	残疾类别代码	√	
141	CT414	残疾等级代码	√	
142	CT501	用工总量计划类型代码		
143	CT502	单位增员减员种类代码		
144	CT503	流动原因代码		
145	CT504	预计减员渠道代码		
146	CT505	职工增补渠道代码		
147	CT506	所需专业分类代码		
148	CT507	借调类型代码		
149	CT508	其他用工来源代码		
150	CT509	劳务派遣单位类别代码		
151	CT510	离退类别代码		
152	CT511	离退休人员来源代码		
153	CT512	借调方式代码		
154	CT513	来(往)单位类型代码		
155	CT601	班子及领导干部考核类型代码		
156	CT602	考核考察类型代码		
157	CT603	员工考核类型代码		
158	CT604	考核周期代码		
159	CT605	考核结果评价等级代码		
160	CT606	班子绩效考核结果等级代码		
161	CT607	奖惩类别代码		
162	CT608	奖惩原因代码		
163	CT609	考核结果等级 2 代码		
164	CT701	缺勤及休假类型代码		
165	CT702	缺勤及休假定额类型代码		
166	CT703	加班补偿类型代码		
167	CT704	替班类型代码		
168	CT705	总部统计工资项代码		
169	CT706	工资变动原因代码		
170	CT707	基本社会保险类型代码		
171	CT708	社保公积金缴费更改原因代码		
172	CT709	社保公积金缴纳方式代码		
173	CT711	税收范围代码		
174	CT712	税收人员类型代码		
175	CT713	银行账户类型代码		

续表

序号	关联代码	码表名称	是否国标/行业标准	备　　注
176	CT714	支付方式代码		
177	CT715	工资总额控制类型代码		
178	CT716	企业工资总额控制项目代码		
179	CT717	工资总额使用情况代码		自动带出
180	CT718	人工成本手工录入项目代码		自动带出
181	CT719	人工成本计划类型代码		
182	CT720	平均人数项目代码		自动带出
183	CT721	人工成本构成项目代码		自动带出
184	CT722	生产经营相关信息代码		自动带出
185	CT723	工资总额计划类型代码		
186	CT724	总部工资总额控制项目代码		
187	CT731	岗薪联动生成运行期间标识代码		
188	CT732	岗薪联动资质等级代码		
189	CT801	培训项目状态代码		
190	CT802	培训任务类别代码		
191	CT803	培训类别代码		
192	CT804	培训内容类别代码		
193	CT805	参加培训形式代码		
194	CT806	学习形式代码		
195	CT807	远程学习形式代码		
196	CT808	办班地点类别代码		
197	CT809	主办单位类别代码		
198	CT810	培训结果代码		
199	CT811	培训对象类别代码		
200	CT812	内部培训教师级别代码		
201	CT813	培训费用承担单位代码		
202	CT814	远程学习结果代码		
203	CT815	培训机构人员类别		
204	CT901	档案类别代码	√	
205	CT902	档案材料类别代码		
206	CT903	档案转递类别代码		
207	CT904	档案转递方式代码		
208	CT905	档案查(借)阅方式代码		
209	CT906	档案基础设施及设备名称代码		
210	CT907	审核结果代码		
211	CT908	提醒业务类型代码		
212	CT909	处理标识代码		
213	CT910	是否		

2.2 码表码值明细

码表共计 213 个，其中 39 个国家标准或行业标准码表本资料从略。

2.2.1 CT106 工商登记执照种类代码

信息值代码	信息值名称	信息值代码	信息值名称
1	企业法人营业执照	5	临时营业执照
2	企业营业执照	6	特种行业执照
3	个体工商户营业执照	7	其他批准证件类别
4	个体行医执照		

2.2.2 CT108 行政级别代码

信息值代码	信息值名称	信息值代码	信息值名称
1	正部级	6	副处级
2	副部级	7	正科级
3	正局级	8	副科级
4	副局级	9	其他级
5	正处级		

2.2.3 CT109 集团/股份标识代码

信息值代码	信息值名称	信息值代码	信息值名称
1000	中国石化股份公司	2000	集团公司非上市

2.2.4 CT110 所属板块代码

信息值代码	信息值名称	信息值代码	信息值名称
01	油田企业	04	炼化工程
02	炼化企业	05	科研单位
03	销售企业	06	石油工程
09	其他单位		

2.2.5 CT111 事业部类别代码

信息值代码	信息值名称	信息值代码	信息值名称
1	油田勘探开发事业部	4	油品销售事业部
2	炼油事业部	5	科研单位
3	化工事业部	9	其他单位

2.2.6　CT112 单位业务类别代码

信息值代码	信息值名称	信息值代码	信息值名称
100	直属单位管理机关	432	化建工程施工
110	直属单位机关附属	440	工程设计
200	采油、采气	450	给水排水
210	油气集输	460	发电供电供气供暖
220	原油销售	470	空分空压
225	天然气销售	480	通讯信息
230	地质勘探	490	质检
240	钻井	500	储运
250	测井	510	物资供应
255	录井	520	车船运输
260	井下作业	530	检修维修
270	地热	540	机械制造
300	炼油	550	物业管理
305	化工	560	宾馆酒店驻外机构
310	化纤	570	公寓食堂
315	化肥	580	教育培训
320	炼化产品销售	590	文化宣传
325	成品油销售	600	医疗卫生
340	催化剂	610	警卫消防巡线护矿
350	润滑油	620	离退休管理及服务
400	科学研究开发	630	其他后勤服务
410	国际工程及贸易	990	其他
420	油建管道施工		
431	化建工程管理		

2.2.7　CT113 单位业务大类代码

信息值代码	信息值名称	信息值代码	信息值名称
10	主营业务	30	后勤服务业务
20	辅助业务	90	其他

2.2.8　CT114 机构层次代码

信息值代码	信息值名称	信息值代码	信息值名称
10	集团公司(股份公司)	21	总部机关职能部门
20	总部机关	22	总部机关职能部门内设机构

续表

信息值代码	信息值名称	信息值代码	信息值名称
29	合并机构	A3	一级海外单位机关职能部门内设机构
30	直属单位	A9	一级海外单位其他机构
31	直属单位机关	B0	二级海外单位
32	直属单位机关职能部门	B1	二级海外单位机关
33	直属单位机关职能部门内设机构	B2	二级海外单位机关职能部门
34	直属单位机关附属	B3	二级海外单位机关职能部门内设机构
35	直属单位机关附属内设机关部门	B9	二级海外单位其他机构
40	二级单位	C0	三级海外单位
41	二级单位机关	C1	三级海外单位机关
42	二级单位机关职能部门	C2	三级海外单位机关职能部门
43	二级单位机关附属	C3	三级海外单位机关职能部门内设机构
44	二级单位机关附属内设机关部门	C9	三级海外单位其他机构
50	三级单位	D0	四级海外单位
51	三级单位机关	D1	四级海外单位机关
52	三级单位机关职能部门	D2	四级海外单位机关职能部门
60	四级单位	D3	四级海外单位机关职能部门内设机构
70	五级单位	D9	四级海外单位其他机构
80	六级单位	E0	五级海外单位
90	七级单位	E1	五级海外单位机关
A0	一级海外单位	E2	五级海外单位机关职能部门
A1	一级海外单位机关	E3	五级海外单位机关职能部门内设机构
A2	一级海外单位机关职能部门	E9	五级海外单位其他机构

2.2.9 CT115 机关部门管理职能分类代码

信息值代码	信息值名称	信息值代码	信息值名称
01	行政管理	12	人力资源管理
02	计划管理	13	工程管理
03	财务管理	14	信息管理
04	生产管理	15	审计管理
05	设备动力管理	16	纪检监察
06	安全环保	17	党群管理
07	科技管理	18	外事管理
08	市场营销	19	离退休管理
09	物资装备管理	20	后勤生活服务
10	企业管理	99	其他
11	法律事务管理		

2.2.10　CT116 基层机构类别代码

信息值代码	信息值名称	信息值代码	信息值名称
1000	勘探开发	1320	输气站(库)
1010	地质队	1330	天然气处理队
1020	地震队	1340	天然气净化队
1030	重磁力队	1350	联合站
1040	电法队	1360	污水处理站
1050	VSP 队	1370	压气站
1060	测量队	1380	净化(脱硫)车间
1070	测井队	1390	汽车运输队
1080	地质录井队	1999	其他勘探开发
1090	射孔队	2000	油气销售
1100	钻井队	2010	加油站
1110	水井队	2020	油库
1120	固井队	2999	其他油气销售
1130	综合录井队	3000	炼油化工
1140	管具车间	3010	炼油车间(运行部、联合装置)
1150	井架安装队	3020	化工车间(运行部、联合装置)
1160	钻井搬迁(家)队	3030	化纤车间(运行部、联合装置)
1170	采油队	3040	化肥车间(运行部、联合装置)
1180	注水(汽、聚、氮)队	3999	其他炼油化工
1190	采气队	4000	公用工程
1200	试油(气)队	4010	检维修(机修)队(车间)
1205	采油测试队	4020	仪表队(车间)
1210	侧钻队	4030	电气队(车间)
1215	海上作业平台	4040	动力车间(站)
1220	地层测试队	4050	储运车间
1230	稠油试采队	4060	供排水车间
1240	气举队	4070	分析化验车间(站)
1250	大修(井)队	4080	计量车间(站)
1260	井下作业队	4090	消防队
1270	压裂(酸化)队	4999	其他公用工程
1280	开发测(试)井队	5000	炼化工程
1290	油田建筑安装队	5010	焊接安装队
1300	管道施工队	5020	设备安装队
1310	集输站(库)	5030	起重安装队

续表

信息值代码	信息值名称	信息值代码	信息值名称
5040	机械安装队	6000	社区服务
5050	电气安装队	6010	物业管理站(队)
5060	仪表安装队	6020	托幼园(所)
5070	管道队	6030	卫生所
5080	综合服务队	6040	离退休管理站
5090	调试中心	6050	厂区服务
5100	吊装工程队	6999	其他社区服务
5110	特种车辆队	9000	其他
5999	其他设计施工		

2.2.11 CT117 分流单位类型代码

信息值代码	信息值名称	信息值代码	信息值名称
1	并表	2	非并表

2.2.12 CT118 常委组成形式代码

信息值代码	信息值名称	信息值代码	信息值名称
1	常委制	2	委员制

2.2.13 CT119 中心组学习形式代码

信息值代码	信息值名称	信息值代码	信息值名称
10	集中学习	15	集体研讨
11	读文件报刊	20	个人自学
12	看声像资料	21	读文件报刊
13	专题讲座	22	看声像资料
14	专题调研		

2.2.14 CT120 人工成本单位类别代码

信息值代码	信息值名称	信息值代码	信息值名称
00000001	境内单位	00000003	单列管理单位
00000002	境外单位		

2.2.15　CT121 海外机构类型代码

信息值代码	信息值名称	信息值代码	信息值名称
10	全资公司	50	办事处
20	合资公司	60	项目部
30	综合管理平台	70	施工作业队
40	代表处		

2.2.16　CT122 海外岗位类别代码

信息值代码	信息值名称	信息值代码	信息值名称
100	经营管理岗位	220	主任工程师
110	境外高层管理人员	230	主管工程师
120	中层领导人员及相当者	240	一般技术人员
130	部门经理	300	技能操作岗位
140	业务主管	310	关键操作岗位
150	一般管理人员	320	一般操作岗位
200	专业技术岗位	330	后勤服务岗位
210	首席专家		

2.2.17　CT123 博士后站类别代码

信息值代码	信息值名称	信息值代码	信息值名称
1	工作站	2	流动站

2.2.18　CT124 项目级别代码

信息值代码	信息值名称	信息值代码	信息值名称
0	集团公司项目	3	二级单位项目
1	直属项目	9	其他
2	分公司项目		

2.2.19　CT125 油品销售企业行政属性代码

信息值代码	信息值名称	信息值代码	信息值名称
01	省级单位	02	地级单位

2.2.20 CT126 油品销售企业业务属性代码

信息值代码	信息值名称	信息值代码	信息值名称
03	省区公司	36	地级润滑油销售部
04	直辖市公司	37	润滑油专营店(门市部)
05	地市级公司	40	省级燃料油中心
06	区域公司	41	地级燃料油中心
07	大区公司	50	省级会计核算中心
10	股份公司销售省级职能处室	51	省级物流中心
11	股份公司销售省级公司附属机构	60	油库
12	省级公司直属机构-审计分部	61	大区储备库
13	省级公司直属机构-纪检监察分部	62	省级非油品业务中心
14	省级公司直属机构-信息分部	63	地级非油品业务部
15	省级公司直属机构-财务核算部	64	便利店
16	省级公司直属机构-物流管理部	65	独立管网-输油管理处
17	股份公司销售地级职能部室	66	独立管网-调控中心
18	资产公司销售省级管理机关	67	独立管网-抢维修中心
19	资产公司销售地级管理机关	68	输油站
20	省级零售管理中心	69	区域调控中心
21	地级零售管理部	70	区域抢维修中心
22	零售片区	71	区域管网-输油处
30	加油站	72	区域管网-抢维修队
31	独立售卡网点	90	其他
32	省级商业客户中心	91	企业宣传
33	地级商业客户部	92	其他经营
34	营业室(开票点)	93	后勤服务
35	省级润滑油中心		

2.2.21 CT127 油品销售企业管理层级代码

信息值代码	信息值名称	信息值代码	信息值名称
1	一级管理	2	二级管理

2.2.22 CT128 加油站属性代码

信息值代码	信息值名称	信息值代码	信息值名称
100	自有站	400	加盟连锁站
200	租赁站	900	其他
300	参股站		

2.2.23　CT129 加油站类型代码

信息值代码	信息值名称	信息值代码	信息值名称
1	加油站(不含水上、自助、加气)	5	加气站(LPG)
2	加油加气(LPG)合建站	6	加气站(CNG)
3	加油加气(CNG)合建站	7	水上加油站(岸基站、趸船)
4	自助加油站	8	水上加油站(加油船)

2.2.24　CT130 加油站地理属性代码

信息值代码	信息值名称	信息值代码	信息值名称
10	市区站	15	省道站
11	县城、郊区站	16	高速服务区
12	农村站	17	高速出入口
13	农村网点	18	水上(内河)
14	国道站	19	水上(海上)

2.2.25　CT131 加油站星级代码

信息值代码	信息值名称	信息值代码	信息值名称
1	一星级加油站	4	四星级加油站
2	二星级加油站	5	五星级加油站
3	三星级加油站	0	无星级加油站

2.2.26　CT132 加油站营业状态代码

信息值代码	信息值名称	信息值代码	信息值名称
1	在营加油站	3	永久关闭加油站
2	暂时歇业加油站		

2.2.27　CT133　加油站日均营业时间代码

信息值代码	信息值名称	信息值代码	信息值名称
06	6 小时	17	17 小时
07	7 小时	18	18 小时
08	8 小时	19	19 小时
12	12 小时	20	20 小时
13	13 小时	21	21 小时
14	14 小时	22	22 小时
15	15 小时	23	23 小时
16	16 小时	24	24 小时

2.2.28 CT134 单位业务分布代码

信息值代码	信息值名称	信息值代码	信息值名称
100	管理机关	500	辅助生产单位
200	机关附属管理职能	600	后勤服务单位
300	机关附属服务职能	999	其他
400	主要生产单位		

2.2.29 CT136 海外机构执行外派薪酬分类代码

信息值代码	信息值名称	信息值代码	信息值名称
10	A 类	30	C 类
20	B 类		

2.2.30 CT137 海外机构业务类别代码

信息值代码	信息值名称	信息值代码	信息值名称
11	勘探开发(作业者)	35	炼油化工
12	勘探开发(非作业者)	40	其他工程
20	石油工程	50	销售贸易
30	炼化工程	60	管理服务

2.2.31 CT138 外派海外国家(地区)补贴类别代码

信息值代码	信息值名称	信息值代码	信息值名称
10	一类	30	三类
20	二类	40	四类

2.2.32 CT139 外派海外地区风险等级代码

信息值代码	信息值名称	信息值代码	信息值名称
10	红色	30	黄色
21	橙色Ⅰ级	40	蓝色
22	橙色Ⅱ级		

2.2.33　CT140 海外岗位重要性类别代码

信息值代码	信息值名称	信息值代码	信息值名称
1	一般岗位	3	核心岗位
2	关键岗位		

2.2.34　CT141 项目部类型代码

信息值代码	信息值名称	信息值代码	信息值名称
11	国内项目部	31	海外项目部
21	国内施工作业队伍	41	海外施工作业队伍

2.2.35　CT142 项目规模代码

信息值代码	信息值名称	信息值代码	信息值名称
1	特大型	3	中型
2	大型	4	小型

2.2.36　CT151 薪酬联动岗位分类代码

信息值代码	信息值名称	信息值代码	信息值名称
110	高层管理岗位	310	技能操作主要生产运转岗位
120	中层管理岗位	320	技能操作一般生产运转岗位
130	基层管理岗位	330	技能操作非生产运转岗位
140	一般管理	390	技能操作其他岗位
200	专业技术岗位		

2.2.37　CT152 薪酬联动资质类别代码

信息值代码	信息值名称	信息值代码	信息值名称
01	专业技术资格	02	职业技能鉴定

2.2.38　CT201 人员类别代码

信息值代码	信息值名称	信息值代码	信息值名称
A	原正式职工	A14	一般管理人员
A10	总部领导	A15	专业技术人员
A11	高层领导人员	A16	技能操作人员
A12	中层领导人员	A17	服务人员
A13	基层领导人员	A21	内退人员

续表

信息值代码	信息值名称	信息值代码	信息值名称
A22	其他不在岗人员	G14	一般管理人员
B	劳动合同制员工	G15	专业技术人员
B11	高层领导人员	G16	技能操作人员
B12	中层领导人员	G17	服务人员
B13	基层领导人员	H	短期(阶段性)合同工
B14	一般管理人员	H14	一般管理人员
B15	专业技术人员	H15	专业技术人员
B16	技能操作人员	H16	技能操作人员
B17	服务人员	H17	服务人员
B21	内退人员	I	纳入工资总额管理的其他从业人员
B22	其他不在岗人员	I12	中层领导人员
C	劳务派遣制员工	I13	基层领导人员
C12	中层领导人员	I14	一般管理人员
C13	基层领导人员	I15	专业技术人员
C14	一般管理人员	I16	技能操作人员
C15	专业技术人员	I17	服务人员
C16	技能操作人员	J	未纳入工资总额管理的其他从业人员
C17	服务人员	J12	中层领导人员
C23	改革用工形式退岗发生活费	J13	基层领导人员
C22	其他不在岗人员	J14	一般管理人员
D	需求性非全日制劳务派遣工	J15	专业技术人员
D14	一般管理人员	J16	技能操作人员
D15	专业技术人员	J17	服务人员
D16	技能操作人员	K	离退休人员
D17	服务人员	K51	离休人员
E	安置性非全日制劳务派遣工	K52	退休人员
E14	一般管理人员	K53	退职人员
E15	专业技术人员	M	系统外人员
E16	技能操作人员	M61	博士后研究人员
E17	服务人员	M62	其他外部人员
F	需求性非全日制用工	N	减册人员
F14	一般管理人员	N71	减册人员
F15	专业技术人员	O	国际员工
F16	技能操作人员	O31	国际员工
F17	服务人员	P	海外当地直接聘用人员
G	安置性非全日制用工	P32	海外当地直接聘用人员

续表

信息值代码	信息值名称	信息值代码	信息值名称
Q	海外当地劳务派遣人员	W11	高层领导人员
Q33	海外当地劳务派遣人员	W12	中层领导人员
R	海外当地其他人员	W13	基层领导人员
R34	海外当地其他人员	W14	一般管理人员
T	国内直接聘用到海外人员	W15	专业技术人员
T35	国内直接聘用海外人员	W16	技能操作人员
U	国内劳务派遣到海外人员	W17	服务人员
U36	国内劳务派遣海外人员	W21	内退人员
V	国内其他派出到海外人员	W22	其他不在岗人员
V37	国内其他派出海外人员	S	离退休后减册人员
X	派往海外的系统内借聘职工	S51	离休人员
X38	派往海外的系统内借聘职工	S52	退休人员
W	合资公司劳动合同制员工	S53	退职人员

2.2.39　CT210 证件类型代码

信息值代码	信息值名称	信息值代码	信息值名称
01	身份证	07	劳动手册
02	工作证	08	驾驶证
03	暂住证(居住证)	09	其他身份证
04	残疾证	11	永久居住证
05	因公护照	99	其他
06	因私护照		

2.2.40　CT214 从学方式代码

信息值代码	信息值名称	信息值代码	信息值名称
1	普通全日制	4	在职不脱产
2	在职全脱产	9	其他
3	在职半脱产		

2.2.41　CT215 从学单位类型代码

信息值代码	信息值名称	信息值代码	信息值名称
10	普通高等学校	22	管理(干部)学院
20	成人高等学校	23	电视大学
21	职工大学(学院或专科学校)	24	业余大学

续表

信息值代码	信息值名称	信息值代码	信息值名称
25	夜大学	33	中央党校函授
26	函授大学(学院)	34	省(区、市)委党校函授
27	教育学院	50	科研机构
28	高等教育自学考试	60	中专
30	党校	70	技校
31	中央党校	99	其他
32	省(区、市)委党校		

2.2.42 CT218 留学类别代码

信息值代码	信息值名称	信息值代码	信息值名称
1	高级访问学者	4	工作前攻读学历学位
2	访问学者	5	工作后攻读学历学位
3	进修人员		

2.2.43 CT219 出国(境)目的代码

信息值代码	信息值名称	信息值代码	信息值名称
01	工程承包与服务	22	考察
02	援外技术工作	23	合资合作与经济贸易
04	援建工作	30	学术交流
05	援外培训工作	31	培训
06	派往本单位驻外代表机构	32	讲学
08	派往本单位国外公司	33	国家公派留学
10	国外就业	34	单位公派留学
11	劳务出口	35	自费留学
12	随船工作	37	会议
13	科技合作项目	39	旅游
14	合营工程	40	探亲
15	引进技术和设备	41	会友
20	监造	99	其他原因出国
21	双跨		

2.2.44　CT220 岗位状态代码

信息值代码	信息值名称	信息值代码	信息值名称
10	在岗	218	非上市改制单位内退
20	不在岗仍保留劳动关系	219	非上市改制单位内退(改制预留费支付)
21	内部退养	26	待岗
211	上市内退	27	借出到石化系统内单位
212	非上市内退	28	派外工作人员
213	上市移交内退	30	长期学习
214	上市改制单位内退	31	长期病伤假
215	上市改制单位内退(改制预留费支付)	32	女工生育休长假
216	上市移交改制单位内退	33	其他改制预留费支付人员
217	上市移交改制单位内退(改制预留费支付)	39	其他

2.2.45　CT221 职位层级序列代码

信息值代码	信息值名称	信息值代码	信息值名称
100	经营管理序列	220	高级专技
110	总部领导	221	直属单位专家
120	高层管理	222	主任师
121	集团公司(股份公司)助理(副总裁)/副总师	230	中级专技
122	直属单位(总部部门)正职	231	副主任师
123	直属单位(总部部门)副职	232	主管师
130	中层管理	240	初级专技
131	直属单位助理/副总师	241	助理师
132	直属单位(总部部门)中层正职	242	技术(业务)员
133	直属单位(总部部门)中层副职	300	技能操作序列
140	基层管理	310	拔尖技能
141	中层单位助理/副总师	311	集团公司技能大师
142	基层单位正职	312	直属单位首席技师
143	基层单位副职	313	基层单位主任技师
150	一般管理	320	高级技能
151	业务主管	321	高级技师
152	业务主办	322	技师
153	业务员	323	高级工
200	专业技术序列	330	中级技能
210	领军专家	331	中级工
211	集团公司首席专家	340	初级技能
212	集团公司高级专家	341	初级工
213	直属单位首席专家		

2.2.46 CT222 从事专业类别代码

信息值代码	信息值名称	信息值代码	信息值名称
1100	油气勘探	1135	化探
1101	古生物学与地层学	1136	二维、三维 VSP
1102	沉积学及沉积环境	1137	随钻 VSP、随钻地震
1103	岩石矿物及储层评价	1138	井间地震
1104	油气地球化学	1139	井中重、磁、电技术
1105	构造地质	1140	一体化地震勘探软件平台
1106	油气地质与勘探	1141	地震资料采集系统
1107	煤层气地质与勘探	1142	地震资料处理系统
1108	地质实验技术	1143	资料解释和地质综合研究系统
1109	盆地油气资源评价	1199	其他油气勘探
1110	区带评价	1200	油气田开发
1111	目标评价	1201	油(气)藏描述
1112	油藏描述与储量计算	1202	油气藏地质
1113	盆地模拟	1203	油气层物理及地质实验室技术
1114	油气系统	1204	油气藏储量评价
1115	油气藏形成条件及分布规律	1205	油藏数值模拟
1116	勘探风险分析	1206	渗流力学
1117	勘探规划计划	1207	开发动态分析(试井)
1118	勘探项目设计	1208	可采储量评价与计算
1119	勘探项目管理	1209	油气层整体规划
1120	地震资料叠前反演技术、储层描述及流体识别	1210	油气田开发方案设计
1121	时延地震技术(四维)	1211	油气田开发调整
1122	多波多分量勘探技术	1212	海洋油气田开发方案设计
1123	提高信噪比和分辨率技术	1213	注水开发
1124	起伏地表区复杂构造成像技术	1214	稠油热采
1125	复杂地表区静校正技术	1215	聚合物及化学驱
1126	复杂介质条件下地震波传播规律	1216	气田及凝析气田提高采收率技术
1127	物理模拟技术	1217	注气技术
1128	数学模拟技术	1218	微生物采油
1129	海上地震勘探采集	1219	油气井完井及油气层保护
1130	陆上地震勘探采集	1220	人工举升
1131	地震资料处理	1221	堵水调剖
1132	地震资料解释及地质综合研究	1222	气井及凝析气田采气技术
1133	重力勘探	1223	测试工艺
1134	电、磁法勘探	1224	压裂酸化改造技术

续表

信息值代码	信息值名称	信息值代码	信息值名称
1225	试油测试工艺技术	1325	深井、超深井钻进技术
1226	修井工艺技术	1326	特殊工艺井钻井技术
1227	侧钻工艺技术	1327	欠平衡钻井技术
1228	油层改造工艺技术	1328	海洋钻井工艺
1229	油气集输与处理	1329	固井施工工艺
1230	天然气集输与净化处理	1330	固井水泥浆体系
1231	油气计量	1331	钻井液与完井液技术
1232	油田水处理工艺技术	1332	油气层保护技术
1250	地热	1333	化学处理剂
1299	其他油气田开发	1334	井下信息测量与传输
1300	石油工程	1335	测量及井眼轨迹控制
1301	电法测井	1336	钻井工程软件
1302	声波测井	1337	钻井信息
1303	核测井	1338	海外钻井管理
1304	核磁共振测井及其他测井	1339	井控工艺与抢险
1305	多相流动测井	1340	油气田工程规划设计
1306	测井地面系统	1341	油气田工业建筑设计(含结构、建筑)
1307	测井施工工艺	1342	油气田注水和污水处理设计
1308	测井刻度及测井质量监控	1343	油气田工程造价
1309	测井软件技术	1344	油气田工程防腐
1310	各项测井资料处理	1345	油气集输及处理
1311	测井资料正、反演	1346	工程测量(含普测、遥感、航测)
1312	裸眼井测井解释	1347	工程勘察(含灾害性工程地质、水文地质、地震地质)
1313	套管井测井(及生产测井)解释	1348	物探与测井装备
1314	储层参数及多井评价	1349	钻井装备
1315	测井地质综合应用	1350	采油装备
1316	测井工程应用	1351	石油机械设计与制造
1317	射孔机理及射孔效果评价	1352	石油工业常用机械与动力装置
1318	射孔器材	1353	滩海与海洋石油装备
1319	射孔工艺技术	1399	其他石油工程
1320	钻井地质设计	1400	石油炼制
1321	常规地质录井	1401	原油评价及油品化验分析
1322	气测和综合录井	1402	原油预处理及常减压蒸馏
1323	新方法录井	1403	催化裂化工艺及其附属工艺
1324	完井地质总结	1404	临氢工艺

续表

信息值代码	信息值名称	信息值代码	信息值名称
1405	制氢及氢气管理	1514	腈纶
1406	催化重整及芳烃工艺	1515	维纶
1407	催化剂制备工程	1516	锦纶
1408	IGCC 工程	1517	涤纶
1409	热加工工艺技术	1518	催化剂生产
1410	基础油及石蜡生产工艺	1519	催化剂研究
1411	沥青生产工艺	1520	合成气及下游加工(合成氨、甲醇、二甲醚、醋酸、乙炔等)
1412	硫磺回收工艺技术	1521	气体处理(气体分离、净化、精制等)
1413	油品储运	1522	生物能源及生物化工技术
1414	石油产品精制及废物处理	1523	油田化学品
1415	石油炼制专业软件及工艺模拟	1524	炼油、化工溶剂、胶粘剂、涂料、助剂工艺及应用
1416	润滑油添加剂	1599	其他石油化工
1417	车用润滑油研发	1600	炼化工程
1418	工业润滑油研发	1601	电力设计
1419	其他特种润滑油(脂)研发	1602	炼化装置工艺设计
1420	润滑油(脂)生产工艺	1603	工厂设计
1421	合成基础油生产工艺	1604	建筑设计
1422	润滑剂及添加剂台架评定	1605	工业炉设备设计
1423	润滑剂质量标准及分析测试	1606	结构设计
1424	节能工程	1607	暖通空调设计
1425	炼油发展规划及经济评价	1608	仪表控制系统设计
1499	其他石油炼制	1609	自动化系统设计
1500	石油化工	1610	项目管理
1501	乙烯丙烯	1611	工艺运行系统管理
1502	其他烯烃	1612	大型机械设备安装(压缩机、泵等)
1503	芳烃	1613	工程施工监测
1504	合纤单体	1614	焊接工艺技术
1505	合纤聚合物	1615	电力设备安装
1506	其他基本有机原料	1616	热工工艺
1507	聚乙烯	1617	石油化工装备
1508	聚丙烯	1618	石油炼制装备
1509	聚苯乙烯、聚氯乙烯等其他合成树脂	1619	电气
1510	顺丁橡胶(低顺、稀土顺丁)	1620	给排水
1511	丁苯橡胶(SSBR)	1621	空分
1512	丁基橡胶	1622	热电
1513	SBS	1623	计量监督与质检

续表

信息值代码	信息值名称	信息值代码	信息值名称
1624	计算机生产管理系统	1816	经营管理信息技术
1625	先进控制	1817	决策支持及系统集成技术
1626	仪表、自控及 DCS 系统	1818	信息技术基础
1699	其他炼化工程	1899	其他信息工程
1700	储运工程	1900	安全环保工程
1701	地下储气库和储油库设计	1901	采油(气)安全
1702	防腐管线检测设计	1902	集输(管道)安全
1703	城市供气系统设计	1903	海洋采油安全
1704	油气集输和油气处理工艺设计	1904	炼油安全
1705	长输油气管道工艺设计	1905	化工安全
1706	长输管道工艺运行系统管理	1906	石油库及加油站储运安全
1707	管道维修与维护管理	1907	电力安全
1708	管道安全及可靠性检测	1908	劳动防护
1709	储罐建造安装施工	1909	物探安全
1710	穿越施工技术	1910	钻井与井控安全
1711	道路工程施工	1911	井下作业安全
1712	跨越施工技术	1912	测录井安全
1713	油气管道施工	1913	油建安全
1714	油气储运设备	1914	炼化检维修安全
1799	其他储运工程	1915	机械制造安全
1800	信息工程	1916	炼油装置与设备安全
1801	通信设计	1917	化工装置与设备安全
1802	信息化规划与设计	1918	施工装置与设备安全
1803	信息系统项目管理	1919	事故分析
1804	计算机网络规划设计	1920	安全预评价
1805	信息标准与编码	1921	安全“三同时”审查
1806	计算机处理技术	1922	在役设备安全评价与评估
1807	数据库技术	1923	油气地漏安全与报警
1808	操作系统	1924	安全检测与监测
1809	软件工程与程序设计	1925	消防设备与装备
1810	网络与通讯技术	1926	消防建审
1811	信息与网络安全	1927	灭火集输
1812	通信设备安装与调试	1928	环境评价
1813	上游信息技术	1929	环境监测
1814	下游信息技术	1930	清洁生产
1815	加油站 IC 卡技术	1931	水污染治理

续表

信息值代码	信息值名称	信息值代码	信息值名称
1932	大气污染治理	2802	电力调度
1933	固体废物治理	2803	工艺管理
1934	放射污染治理	2804	产品质量管理
1935	生态保护	2805	计量管理
1936	生物环保技术	2806	储运管理
1999	其他安全环保工程	2807	管廊管理
2000	艺术类	2808	生产管理
2100	新闻出版类	2900	设备动力管理
2200	广播电视播音	2901	设备管理
2400	图书档案	2902	电仪管理
2500	行政管理	2903	动力管理
2501	秘书	2904	检维修管理
2502	机要	2905	设备动力管理
2503	信访	3000	安全环保
2504	文书及档案	3001	安全监督
2505	行政管理	3002	安全技术
2600	计划管理	3003	环保技术
2601	规划管理	3004	消防管理
2602	综合统计	3005	职业卫生
2603	概预算管理	3006	安全环保
2604	生产计划	3100	科技管理
2605	原料计划	3101	科研管理
2606	总图管理	3102	技术改进
2607	计划管理	3103	技术达标
2700	财务管理	3104	节能管理
2701	会计核算	3105	科技管理
2702	资金管理	3200	市场营销
2703	资产管理	3201	营销管理
2704	税务管理	3202	市场开发
2705	稽核管理	3203	销售服务
2706	预算管理	3204	市场营销
2707	成本管理	3300	物资装备管理
2708	价税管理	3301	供应管理
2709	财务管理	3302	物流管理
2800	生产管理	3303	物资装备管理
2801	生产调度	3400	企业管理

续表

信息值代码	信息值名称	信息值代码	信息值名称
3401	企业改革	3905	财务审计
3402	绩效管理	3906	审计管理
3403	标准化管理	4000	纪检监察
3404	企业管理	4001	纪检
3500	法律事务管理	4002	效能监察
3501	合同审查	4003	纪检监察
3502	法律服务	4100	党群管理
3503	法律事务管理	4101	党建
3600	人力资源管理	4102	工会
3601	组织干部管理	4103	宣传
3602	人才管理	4104	团委
3604	劳动管理	4105	人武
3605	绩效薪酬保险	4106	党群管理
3606	培训管理	4200	外事管理
3607	人事信息及档案管理	4201	对外联络
3608	人力资源管理	4202	出国管理
3700	工程管理	4203	翻译
3701	工程项目管理	4204	外事管理
3702	工程技术	4600	教育教学
3703	招投标管理	4300	离退休管理
3704	工程施工与设计	4400	生活后勤服务
3705	工程管理	4401	物业管理
3800	信息管理	4402	卫生技术
3801	信息项目管理	4404	生活后勤服务
3802	系统应用管理	4500	综合治理
3803	系统开发	4501	维护稳定
3804	网络管理	4502	保卫
3805	通讯管理	4503	治安
3806	信息管理	9900	其他
3900	审计管理	9901	车辆管理
3901	经营审计	9902	土地管理
3902	工程审计	9903	房产管理
3903	投资审计	9999	其他
3904	资产审计		

2.2.47 CT223 岗位工时制代码

信息值代码	信息值名称	信息值代码	信息值名称
1	标准工时制	3	不定时工作制
2	综合计算工时制		

2.2.48 CT224 薪酬标杆岗位类别代码

信息值代码	信息值名称	信息值代码	信息值名称
100	经营管理岗位	311	炼化生产、辅助生产装置内操
101	二级主要生产单位行政正职、主要生产作业部行政正职	312	炼化生产、辅助生产装置外操
102	机关主要部门正处室长、施工企业大项目部经理	314	加油(气)站站长
103	主要生产车间主任、矿(大队)长、大型油库主任、客户经理、施工企业项目经理	315	加油(气)工
104	机关主要部门科长	321	辅助生产班(站、组)长
105	经营管理岗位其他	313	炼化质检(化验)工
200	专业技术岗位	316	车、铆、钳、焊、管工
300	技能操作岗位	317	起重工
304	石油勘探开发、石油工程、长距离管输基层队(站、库)班长	318	机、电、仪维修工
305	钻井队司钻	401	小客车驾驶员
306	钻井工	402	保洁、环卫、绿化
307	采油(气)工	403	宾馆服务员
308	井下作业工	404	门卫
309	测井、录井工	419	技能操作岗位其他
310	炼化生产、辅助生产装置班长		

2.2.49 CT226 劳动合同标识代码

信息值代码	信息值名称	信息值代码	信息值名称
1	合同订立	5	变更合同内容
2	合同续订	6	变更合同期限
3	合同终止	7	合同中止
4	合同解除	8	补充合同协议

2.2.50　CT227 集体合同签订标识代码

信息值代码	信息值名称	信息值代码	信息值名称
1	已签订	2	未签订

2.2.51　CT228 协议类型代码

信息值代码	信息值名称	信息值代码	信息值名称
1	上岗协议	5	竞业限制协议
2	培训协议	6	内退协议
3	待岗协议	9	其他协议
4	保密协议		

2.2.52　CT229 户口类别代码

信息值代码	信息值名称	信息值代码	信息值名称
10	本埠城镇	30	外埠城镇
20	本埠农村	40	外埠农村

2.2.53　CT230 个人身份代码

信息值代码	信息值名称	信息值代码	信息值名称
1	工人	8	聘用制干部
4	干部		

2.2.54　CT231 国内派往海外用工类型代码

信息值代码	信息值名称	信息值代码	信息值名称
10	派出单位员工	20	系统内借聘员工
30	国内直接聘用到海外人员	40	国内派遣到海外人员

2.2.55　CT232 外语考试种类及等级代码

信息值代码	信息值名称	信息值代码	信息值名称
110	大学英语四、六级考试	160	商务英语(BEC)
111	四级(CET-4)	161	初级(BEC1)
112	六级(CET-6)	162	中级(BEC2)
120	全国高校英语专业四级、八级考试	163	高级(BEC3)
121	专业四级(TEM-4)	170	全国公共英语等级考试(PETS)
122	专业八级(TEM-8)	171	一级(PETS-1)

续表

信息值代码	信息值名称	信息值代码	信息值名称
172	二级(PETS-2)	183	高级(A 级)
173	三级(PETS-3)	210	TOEFL(托福)
174	四级(PETS-4)	220	IELTS(雅思)
175	五级(PETS-5)	230	GRE(美国研究生入学考试/资格考试)
180	全国出国培训备选人员外语考试(BFT)	240	GMAT(经企管理研究生入学考试)
181	初级(C 级)	250	LSAT(法学院入学考试)
182	中级(B 级)	310	TOEIC(托业)

2.2.56 CT234 视觉障碍类型代码

信息值代码	信息值名称	信息值代码	信息值名称
10	色盲	99	其他
20	色弱		

2.2.57 CT235 总部统计唯一标识代码

信息值代码	信息值名称	信息值代码	信息值名称
10	用工统计	30	只缴保险
20	只统计薪酬保险	99	其他

2.2.58 CT236 外语能力等级码表

信息值代码	信息值名称	信息值代码	信息值名称
A	A	C	C
B	B	D	D

2.2.59 CT238 院校性质代码

信息值代码	信息值名称	信息值代码	信息值名称
1	985 工程院校	3	985/211 工程院校
2	211 工程院校		

2.2.60 CT239 岗位类别代码

信息值代码	信息值名称	信息值代码	信息值名称
1	关键岗位(A 类岗位)	2	主体岗位(B 类岗位)
3	普通岗位(C 类岗位)		

2.2.61　CT301 领导人员管理层级代码

信息值代码	信息值名称	信息值代码	信息值名称
1	中央管理	4	直属单位管理(中层)
2	党组直接管理	5	二级单位管理(基层)
3	党组委托人事部管理		

2.2.62　CT302 干部职务名称代码

信息值代码	信息值名称	信息值代码	信息值名称
1001	党组书记	1250	副总工程师
1010	党组副书记	1260	副总会计师
1020	党组成员	1270	副总地质师
1030	党组纪检组组长	1280	总法律顾问
1040	总经理	1290	安全副总监
1050	副总经理	1300	董事会秘书
1060	董事长	1310	党组纪检组副组长
1070	副董事长	1320	主任
1080	董事	1330	副主任
1090	执行董事	1340	局长
1100	专职董事	1350	副局长
1110	监事会主席	1360	站长
1120	监事会副主席	1370	总代表
1130	监事	1380	首席执行官
1140	专职监事	1381	首席财务官
1150	总裁	1390	调研员
1160	高级副总裁	1400	专员
1170	财务总监	1410	专员及相当职务
1180	副总裁	1420	院长
1190	总工程师	1430	副院长
1200	总地质师	1440	院长(总经理)
1210	总会计师	1450	副院长(副总经理)
1220	总经理助理	1460	院长(校长)
1230	总裁助理	1470	副院长(副校长)
1240	安全总监	1490	党委书记
1245	涉外总监	1500	党委副书记
1246	一级涉外总监	1510	纪委书记
1247	二级涉外总监	1520	工会主席

续表

信息值代码	信息值名称	信息值代码	信息值名称
1530	工会副主席	2030	常务委员
1531	纪委书记、工会主席	2040	主任委员
1540	监事会主席(召集人)	2050	副主任委员
1550	监事会(召集人)	2060	主任助理
1560	总经理(主任)	2070	常务副主任
1570	副总经理(副主任)	2080	顾问
1580	总经理(总裁)	2090	副局级纪检监察专员
1590	副总经理(副总裁)	2100	审计稽查专员
1600	厂长	2110	副局级监察专员
1610	副厂长	2120	巡视员
1620	总会计师(财务总监)	2130	助理巡视员
1630	党工委书记	2140	助理调研员
1640	党工委副书记	2150	督导员
1650	纪工委书记	2160	监察员
1660	筹备组组长	2170	纪检员
1670	筹备组成员	2180	审纪员
1680	副主席	2190	组织员
1690	社长	2191	正处级组织员
1700	副社长	2192	副处级组织员
1710	总编辑	2193	正科级组织员
1720	党总支书记	2194	副科级组织员
1721	党总支委员	2200	主任工程师
1730	党委常委	2210	副主任工程师
1740	党委委员	2220	总农艺师
1750	党工委委员	2230	副总农艺师
1751	纪委常委	2240	主任农艺师
1752	纪委委员	2250	秘书长
1760	代表	2260	副秘书长
1770	副总代表	2270	代理秘书长
1780	处长	2280	秘书长助理
1790	副处长	2290	总兽医师
1800	科长	2300	副总兽医师
1810	副科长	2310	秘书
2001	书记	2320	检察长
2010	副书记	2330	副检察长
2020	书记助理	2340	检察长助理

续表

信息值代码	信息值名称	信息值代码	信息值名称
2350	检察员	2710	总医药师
2360	审判长	2720	副总医药师
2370	副审判长	3001	市长
2380	审判长助理	3010	副市长
2390	审判员	3020	市长助理
2400	庭长	3030	州长
2410	副庭长	3040	副州长
2420	庭长助理	3050	州长助理
2430	总畜牧师	3060	区长
2440	副总畜牧师	3070	副区长
2450	总经济师	3080	区长助理
2460	副总经济师	3090	副专员
2470	主任经济师	3100	专员助理
2480	副主任经济师	3110	县长
2490	主任会计师	3120	副县长
2500	副主任会计师	3130	县长助理
2510	总统计师	3140	镇长
2520	副总统计师	3150	副镇长
2530	副总编辑	3160	镇长助理
2540	主席	3170	乡长
2550	第一副主席	3180	副乡长
2560	主席助理	3190	乡长助理
2570	名誉主席	3200	副代表
2580	部长	3210	代表助理
2590	副部长	3220	组长
2600	部长助理	3230	副组长
2610	局长助理	3240	组长助理
2620	常务副局长	3250	行长
2630	处长助理	3260	副行长
2640	科长助理	3270	行长助理
2650	科员	3280	台长
2660	主任科员	3290	副台长
2670	副主任科员	3300	台长助理
2680	股长	3310	理事长
2690	副股长	3320	副理事长
2700	办事员	3330	理事长助理

续表

信息值代码	信息值名称	信息值代码	信息值名称
3340	理事	3680	船长助理
3350	首席监事	3690	总船长
3360	参事	3700	副总船长
3370	会长	3710	护士长
3380	副会长	3720	园长
3390	会长助理	3730	副园长
3400	干事	3740	园长助理
3406	正科级干事	3750	董事长助理
3407	副科级干事	3760	常务董事
3410	总干事	3770	轮机长
3420	副总干事	3780	副轮机长
3430	社长助理	3790	轮机长助理
3440	馆长	3800	总轮机长
3450	副馆长	3810	副总轮机长
3460	馆长助理	3820	代总经理
3470	所长	3830	常务副总经理
3480	副所长	3840	经理
3490	所长助理	3850	副经理
3500	院长助理	3860	代经理
3510	名誉院长	3870	经理助理
3520	校长	3880	常务副经理
3530	副校长	3890	分局长
3540	校长助理	3900	副分局长
3550	常务副校长	3910	分局长助理
3560	名誉校长	3920	副站长
3570	教务长	3930	站长助理
3580	副教务长	3940	代厂长
3590	教务长助理	3950	厂长助理
3600	总务长	3960	常务副厂长
3610	副总务长	3970	场长
3620	总务长助理	3980	副场长
3630	教育长	3990	场长助理
3640	副教育长	4000	矿长
3650	教育长助理	4010	副矿长
3660	船长	4020	矿长助理
3670	副船长	4030	指挥

续表

信息值代码	信息值名称	信息值代码	信息值名称
4040	副指挥	4400	营长
4050	指挥助理	4410	副营长
4060	总指挥	4420	连长
4070	副总指挥	4430	副连长
4080	调度长	4440	排长
4090	副调度长	4450	副排长
4100	调度长助理	4460	班长
4110	总调度长	4470	副班长
4120	副总调度长	4480	舰长
4130	调度	4490	副舰长
4140	大副	4500	舰长助理
4150	二副	4510	舰务长
4160	三副	4520	副舰务长
4170	总设计师	4530	舰务长助理
4180	副总设计师	4540	航海长
4190	总工艺师	4550	副航海长
4200	副总工艺师	4560	艇长
4210	主任地质师	4570	副艇长
4220	总农经师	4580	艇长助理
4230	副总农经师	4590	机长
4240	总飞行师	4600	副机长
4250	副总飞行师	4610	机长助理
4260	参谋长	4620	领航长
4270	副参谋长	4630	副领航长
4280	参谋长助理	4640	领航长助理
4290	参谋	4650	大队长
4300	司令员	4660	副大队长
4310	副司令员	4670	大队长助理
4320	军长	4680	队长
4330	副军长	4690	副队长
4340	师长	4700	队长助理
4350	副师长	4710	总队长
4360	旅长	4720	副总队长
4370	副旅长	4730	中队长
4380	团长	4740	副中队长
4390	副团长	4750	中队长助理

续表

信息值代码	信息值名称	信息值代码	信息值名称
4760	支队长	5130	代理工会主席
4770	副支队长	5140	团委书记
4780	支队长助理	5150	团委副书记
4790	分队长	5160	团总支书记
4800	副分队长	5170	团总支副书记
4810	分队长助理	5180	团支部书记
4820	区队长	5190	团支部副书记
4830	副区队长	5200	副总政工师
4840	区队长助理	5210	非执行董事
4850	哨长	5220	独立董事
4860	副哨长	5230	监事会召集人
4870	哨长助理	5240	财务副总监
4880	政委	5250	稽查特派员
4890	副政委	5260	常务副总工程师
4900	政委助理	5270	总机械师
4910	教导员	5280	副总机械师
4920	副教导员	5290	总钻井师
4930	教导员助理	5300	副总钻井师
4940	协理员	5310	副总审计师
4950	副协理员	5320	主任审计师
4960	协理员助理	5325	审计员
4970	指导员	5330	部门经理
4980	副指导员	5340	部门副经理
4990	指导员助理	5350	项目经理
5000	助理员	5360	项目副经理
5010	军事代表	5370	值班主任
5020	总军事代表	5380	副主管
5030	副总军事代表	5390	高级主管
5040	党总支副书记	5400	主管
5050	党支部书记	5401	主办
5060	党支部副书记	5410	工段长
5080	市委书记	5420	副工段长
5090	市委副书记	5430	值班长
5100	纪检组组长	5440	副值班长
5110	纪检组副组长	5450	督学
5120	纪委副书记	5460	副督学

续表

信息值代码	信息值名称	信息值代码	信息值名称
5470	总督学	5550	退二线
5480	副总督学	5560	业务主管
5490	公安侦察员	5570	业务主办
5500	监察专员	5580	业务员
5510	监察副专员	8010	成员
5520	纪检监察专员	8020	法律顾问
5530	纪检监察员	8030	参赞
5531	正处级纪检监察员	8040	HSE 总监
5532	副处级纪检监察员	8050	首席运营官
5533	正科级纪检监察员	8060	政务经理
5534	副科级纪检监察员	8070	高级顾问
5540	联络员	8080	常务副指挥

2.2.63　CT303 干部职务类别代码

信息值代码	信息值名称	信息值代码	信息值名称
100	党群职务	219	行政其他职
101	党群正职	500	董事会职务
102	党群副职	501	董事会正职
103	副总师	502	董事会副职
104	党群职能部门正职	503	董事会成员
105	党群职能部门副职	509	董事会其他职
106	党群职能部门内设机构正职	600	监事会职务
107	党群职能部门内设机构副职	601	监事会正职
109	党群其他职	602	监事会副职
200	行政职务	603	监事会成员
201	行政正职	609	监事会其他职
202	行政副职(含总工、总地)	700	民主党派职务
203	总会计师	701	民主党派正职
204	董秘、总法律顾问等	702	民主党派副职
205	副总师	709	民主党派其他职
206	行政助理	800	社会团体职务
207	行政职能部门正职	801	社会团体正职
208	行政职能部门副职	802	社会团体副职
209	行政职能部门内设机构正职	809	社会团体其他职
210	行政职能部门内设机构副职		

2.2.64 CT304 任职属性代码

信息值代码	信息值名称	信息值代码	信息值名称
10	实职	30	享受同级待遇
11	现职	40	二线(含二线改任调研员)
12	挂职	50	离岗调研
20	调研员(不含二线改任调研员)		

2.2.65 CT305 任职方式代码

信息值代码	信息值名称	信息值代码	信息值名称
11	任命	15	竞争上岗
12	委任	16	公开招聘
13	选举	19	其他任职方式
14	聘任		

2.2.66 CT306 降(免)职原因代码

信息值代码	信息值名称	信息值代码	信息值名称
400	免职	406	其他非正常原因免职
401	退居二线	500	降职
402	从现职直接退休	501	不胜任现职
403	从二线退休	502	本人要求降职
404	离职学习期限超过一年的	503	机构合并精简
405	因健康原因不能坚持正常工作的	509	其他原因降职

2.2.67 CT307 交流任职类别代码

信息值代码	信息值名称	信息值代码	信息值名称
100	交流进本单位	308	从炼化企业调入其他企事业单位任职
101	从国家行政机关调入企、事业单位任职	309	从其他企事业单位调入油田企业任职
102	从其他机关调入企、事业单位任职	310	从其他企事业单位调入炼化企业任职
200	交流出本单位	311	从其他企事业单位调入销售企业任职
300	企业内部交流	312	从销售企业调入油田企业任职
301	从石化集团总部调入基层单位任职	313	从销售企业调入炼化企业任职
302	从基层单位调入石化集团总部任职	314	从销售企业调入其他企事业单位任职
303	从油田企业调入炼化企业任职	315	从其他企事业单位调入其他企事业单位任职
304	从油田企业调入销售企业任职	400	总部机关内部交流
305	从油田企业调入其他企事业单位任职	500	直属单位、分(子)公司内部交流
306	从炼化企业调入油田企业任职	600	二级单位内部交流
307	从炼化企业调入销售企业任职		

2.2.68 CT308 兼职类型代码

信息值代码	信息值名称	信息值代码	信息值名称
1	班子内兼职	3	经营实体兼职
2	石化内部其他兼职	4	地方党委、人大政协政府兼职

2.2.69 CT309 培养目标代码

信息值代码	信息值名称	信息值代码	信息值名称
010	党群正职后备	071	炼油
020	行政正职后备	072	乙烯
030	党群副职后备	073	其他烯烃类
040	行政副职后备	079	其他化工
050	油气生产	080	工程勘察设计
051	勘探及测录井	090	施工生产管理
052	钻井	100	设备及基建管理
053	油气田开发	110	科研(技术)管理
060	总地质师	120	经营管理
061	总地质师(勘探)	130	人事管理
062	总地质师(开发)	140	财务审计
070	炼油化工生产	150	后勤及其他

2.2.70 CT310 后备干部成熟程度代码

信息值代码	信息值名称	信息值代码	信息值名称
1	近期	3	远期
2	中期		

2.2.71 CT311 备用情况代码

信息值代码	信息值名称	信息值代码	信息值名称
1	已进入领导班子	3	不再列入后备干部
2	列入后备干部		

2.2.72 CT312 专业技术资格等级代码

信息值代码	信息值名称	信息值代码	信息值名称
1	正高级	4	助理级
2	副高级	5	员级
3	中级		

2.2.73 CT313 专业技术资格名称代码

信息值代码	信息值名称	信息值代码	信息值名称
01	工程技术人员	06	政工人员
011	教授级高级工程师	061	教授级高级政工师
012	高级工程师	062	高级政工师
013	工程师	063	政工师
014	助理工程师	064	助理政工师
015	技术员	065	政工员
019	未评聘工程技术人员	069	未评聘政工人员
02	经济专业人员	07	档案资料人员
021	教授级高级经济师	071	研究馆员
022	高级经济师	072	副研究馆员
023	经济师	073	馆员
024	助理经济师	074	助理馆员
025	经济员	075	管理员
029	未评聘经济专业人员	079	未评聘馆员
03	会计人员	08	图书人员
031	教授级高级会计师	081	研究馆员
032	高级会计师	082	副研究馆员
033	会计师	083	馆员
034	助理会计师	084	助理馆员
035	会计员	085	管理员
039	未评聘会计人员	089	未评聘馆员
04	统计人员	09	文博人员
041	教授级高级统计师	091	研究馆员
042	高级统计师	092	副研究馆员
043	统计师	093	馆员
044	助理统计师	094	助理馆员
045	统计员	095	管理员
049	未评聘统计人员	099	未评聘馆员
05	审计人员	10	群众文化专业人员
051	教授级高级审计师	101	研究馆员(群众文化)
052	高级审计师	102	副研究馆员(群众文化)
053	审计师	103	馆员(群众文化)
054	助理审计师	104	助理馆员(群众文化)
055	审计员	105	管理员(群众文化)
059	未评聘审计人员	109	未评聘群众文化专业人员

续表

信息值代码	信息值名称	信息值代码	信息值名称
11	卫生技术人员(医疗)	161	农业技术推广研究员(兽医)
111	主任医师	162	高级兽医师
112	副主任医师	163	兽医师
113	主治医师	164	助理兽医师
114	医师	165	兽医技术员
115	医士	169	未评聘兽医技术人员
119	未评聘医疗人员	17	农业技术人员(畜牧)
12	卫生技术人员(药剂)	171	农业技术推广研究员(畜牧)
121	主任药师	172	高级畜牧师
122	副主任药师	173	畜牧师
123	主管药师	174	助理畜牧师
124	药师	175	畜牧技术员
125	药士	179	未评聘畜牧技术人员
129	未评聘药剂人员	18	国际商务
13	卫生技术人员(护理)	181	高级国际商务师
131	主任护师	182	国际商务师
132	副主任护师	183	助理国际商务师
133	主管护师	19	高等学校教师
134	护师	191	教授
135	护士	192	副教授
139	未评聘护理人员	193	讲师
14	卫生技术人员(其他)	194	助教
141	卫生主任技师	199	未评聘高校教师
142	卫生副主任技师	20	中等专业学校教师
143	卫生主管技师	201	中专高级讲师
144	卫生技师	202	中专讲师
145	卫生技士	203	中专助理讲师
149	未评聘卫生技术人员	204	中专教员
15	农业技术人员(农艺)	209	未评聘中专教师
151	农业推广研究员	21	技工学校教师(讲师)
152	高级农艺师	211	中技高级讲师
153	农艺师	212	中技讲师
154	助理农艺师	213	中技助理讲师
155	农业技术员	214	中技教员
159	未评聘农艺人员	219	未评聘技校讲师
16	农业技术人员(兽医)	22	技工学校教师(实习指导)

续表

信息值代码	信息值名称	信息值代码	信息值名称
221	高级实习指导教师	282	二级校对
222	一级实习指导教师	283	三级校对
223	二级实习指导教师	289	未评聘校对人员
224	三级实习指导教师	29	翻译人员
229	未评聘实习指导教师	291	译审
23	中学教师	292	副译审
231	中学高级教师	293	翻译
232	中学一级教师	294	助理翻译
233	中学二级教师	299	未评聘翻译人员
234	中学三级教师	30	新闻专业人员(记者)
239	未评聘中学教师	301	高级记者
24	小学教师	302	主任记者
241	小学高级教师	303	记者
242	小学一级教师	304	助理记者
243	小学二级教师	309	未评聘记者
244	小学三级教师	31	新闻专业人员(编辑)
249	未评聘小学教师	311	新闻高级编辑
25	实验人员	312	新闻主任编辑
251	高级实验师	313	新闻编辑
252	实验师	314	新闻助理编辑
253	助理实验师	319	未评聘新闻编辑
254	实验员	32	播音员
259	未评聘实验人员	321	播音指导
26	出版专业人员(编审)	322	主任播音员
261	编审	323	一级播音员
262	副编审	324	二级播音员
263	编辑	325	三级播音员
264	助理编辑	329	未评聘播音员
269	未评聘编审人员	33	工艺美术人员
27	出版专业人员(编辑)	331	高级工艺美术师
271	技术编辑	332	工艺美术师
272	助理技术编辑	333	助理工艺美术师
273	技术设计员	334	工艺美术员
279	未评聘编辑人员	339	未评聘工艺美术人员
28	出版专业人员(校对)	34	艺术人员(演员)
281	一级校对	341	一级演员

续表

信息值代码	信息值名称	信息值代码	信息值名称
342	二级演员	402	二级美术师
343	三级演员	403	三级美术师
344	四级演员	404	四级美术师
349	未评聘演员	409	未评聘美术人员
35	艺术人员(演奏员)	41	艺术人员(舞美设计)
351	一级演奏员	411	一级舞美设计师
352	二级演奏员	412	二级舞美设计师
353	三级演奏员	413	三级舞美设计师
354	四级演奏员	414	四级舞美设计师
359	未评聘演奏员	419	未评聘舞美设计人员
36	艺术人员(编剧)	42	艺术人员(舞台设计)
361	一级编剧	421	主任舞台技师
362	二级编剧	422	舞台技师
363	三级编剧	423	舞台技术员
364	四级编剧	429	未评聘舞台技术员
369	未评聘编剧	43	体育教练
37	艺术人员(导演)	431	国家级教练
371	一级导演	432	高级教练
372	二级导演	433	一级教练
373	三级导演	434	二级教练
374	四级导演	435	三级教练
379	未评聘导演	439	未评聘教练
38	艺术人员(指挥)	44	海关专业人员
381	一级指挥	441	高级关务监督
382	二级指挥	442	关务监督
383	三级指挥	443	助理关务监督
384	四级指挥	444	关务员
389	未评聘指挥	449	未评聘海关专业人员
39	艺术人员(作曲)	45	律师
391	一级作曲	451	一级律师
392	二级作曲	452	二级律师
393	三级作曲	453	三级律师
394	四级作曲	454	四级律师
399	未评聘作曲	455	律师助理
40	艺术人员(美术)	459	未评聘律师
401	一级美术师	46	公证员

续表

信息值代码	信息值名称	信息值代码	信息值名称
461	一级公证员	521	一级飞行员
462	二级公证员	522	二级飞行员
463	三级公证员	523	三级飞行员
464	四级公证员	524	四级飞行员
465	公证员助理	529	未评聘飞行员
469	未评聘公证员	53	民航飞行技术人员(领航)
47	船舶技术人员(驾驶)	531	一级领航员
471	高级船长	532	二级领航员
472	船长(大副)	533	三级领航员
473	二副	534	四级领航员
474	三副	539	未评聘领航员
479	未评聘船舶驾驶员	54	民航飞行技术人员(通信)
48	船舶技术人员(轮机)	541	一级飞行通信员
481	高级轮机长	542	二级飞行通信员
482	轮机长(大管轮)	543	三级飞行通信员
483	二管轮	544	四级飞行通信员
484	三管轮	549	未评聘飞行通信员
489	未评聘轮机人员	55	民航飞行技术人员(机械)
49	船舶技术人员(电机)	551	一级飞行机械员
491	高级电机员	552	二级飞行机械员
492	通用电机员(一等电机员)	553	三级飞行机械员
493	二等电机员	554	四级飞行机械员
499	未评聘电机人员	559	未评聘飞行机械员
50	船舶技术人员(报务)	56	自然科学研究人员
501	高级报务员	561	研究员(自然科学)
502	通用报务员(一等报务员)	562	副研究员(自然科学)
503	二等报务员	563	助理研究员(自然科学)
504	限用报务员	564	研究实习员(自然科学)
509	未评聘报务员	569	未评聘自然科学研究人员
51	船舶技术人员(引航)	57	社会科学研究人员
511	高级引航员	571	研究员(社会科学)
512	一级、二级引航员	572	副研究员(社会科学)
513	三级、四级引航员	573	助理研究员(社会科学)
519	未评聘船舶技术人员(引航)	574	研究实习员(社会科学)
52	民航飞行技术人员(驾驶)	579	未评聘社会科学研究人员

2.2.74　CT314 专业技术资格取得途径代码

信息值代码	信息值名称	信息值代码	信息值名称
01	评审	04	初定
02	考试	05	确认
03	平转	09	其他

2.2.75　CT315 申报类型代码

信息值代码	信息值名称	信息值代码	信息值名称
1	正常	3	平转
2	破格	4	确认

2.2.76　CT316 申报(评审)专业组代码

信息值代码	信息值名称	信息值代码	信息值名称
1100	油气勘探开发组	1403	合成橡胶
1101	石油地质	1404	天然气化工与煤化工
1102	地球物理	1405	生物化工
1103	油藏地质	1406	精细化工及化工催化剂
1104	油藏工程	1407	合成纤维
1200	油气工程组	1500	机电仪与工程建设组
1201	采油工程(含输油)	1501	机械与设备
1202	测录井	1502	热能动力
1203	试油及测试	1503	电力电气
1204	钻井工程	1504	仪表和自动化
1205	油田地面工程(含海洋工程)	1505	信息工程
1206	储层改造	1506	工程建设
1300	石油炼制组	1600	经济(统计)组
1301	石油炼制催化剂	1601	规划计划
1302	燃料油与化工料	1602	物资管理
1303	润滑油脂	1603	资产管理
1304	沥青	1604	市场营销
1305	石蜡	1605	贸易
1306	油品储运	1606	财经信息
1307	硫回收技术	1607	技术经济
1400	化工组	1608	合同管理
1401	乙烯及基本有机化工	1609	法律事务
1402	合成树脂	1610	工程预(决)算

续表

信息值代码	信息值名称	信息值代码	信息值名称
1611	统计	1805	税收管理
1700	人力资源管理组	1806	审计
1701	人力资源规划	1900	政工组
1702	配置	1901	党的建设(组织、宣传、统战)
1703	人才评价	1902	干部管理
1704	员工培训	1903	工会建设
1705	劳动管理	1904	共青团建设
1706	人工成本及薪酬管理	1905	纪检监察
1707	社会保险	1906	其他思想政治工作
1800	财会(审计)组	2000	新闻出版组
1801	财务预(决)算	2001	新闻采访报道
1802	财务会计.	2002	新闻编辑
1803	资金管理	2003	出版编辑
1804	价格管理		

2.2.77 CT317 职称外语考试类型代码

信息值代码	信息值名称	信息值代码	信息值名称
1000	中国石化职称外语等级考试	1302	炼化工程类
1100	教授级	1303	综合类
1101	油气工程类	1400	初级
1102	炼化工程类	1401	油气工程类
1103	综合类	1402	炼化工程类
1200	高级	1403	综合类
1201	油气工程类	2000	全国职称外语等级考试
1202	炼化工程类	2100	A 级
1203	综合类	2200	B 级
1300	中级	2300	C 级
1301	油气工程类		

2.2.78 CT318 计算机考试类别代码

信息值代码	信息值名称	信息值代码	信息值名称
10	全国专业技术人员计算机应用能力考试	14	PowerPoint 97 中文演示文稿
11	中文 Windows 98 操作系统	15	计算机网络应用基础
12	Word 97 中文字处理	16	Visual FoxPro 5. 0 数据库管理系统
13	Excel 97 中文电子表格	17	CAD 制图软件

续表

信息值代码	信息值名称	信息值代码	信息值名称
18	PhotoShop 6. 0 图象处理	27	二级 Visual Basic
19	WPS Office 办公组合中文字处理	28	二级 Visual Foxpro
1A	Access 2000 数据库管理系统	29	三级 PC 技术
1B	Project 2000 项目管理	2A	三级信息管理技术
1C	FrontPage 2000 网页制作	2B	三级网络技术
1D	用友财务软件	2C	三级数据库技术
20	全国计算机等级考试	2D	四级
21	一级	30	全国计算机信息高新技术考试
22	一级 B(Windows 环境)	31	操作员级
23	二级 Qbasic	32	高级操作员级
24	二级 Fortran	33	操作师
25	二级 C	34	高级操作师
26	二级 Foxbase	90	其他计算机考试

2. 2. 79　CT320 职业技能资格取得途径代码

信息值代码	信息值名称	信息值代码	信息值名称
1	鉴定取得	3	竞赛获得
2	评选获得	4	其他途径

2. 2. 80　CT321 职业(工种)代码

信息值代码	信息值名称	信息值代码	信息值名称
01	物探	02010	钻井架安装工
01001	可控震源操作工	02015	石油钻井工
01005	石油地震勘探工	02020	钻井液工
01010	电法勘探工	02025	钻井地质工
01015	重磁力工	02030	钻井柴油机工
01020	VSP 绞车电缆检波器工	02035	随钻测量工
01025	电法仪器操作工	02040	固井工
01030	化探采样工	02999	其他
01035	水文地质工	03	测井
01040	石油物探测量工	03001	综合录井工
01999	其他	03005	测井工
02	钻井	03010	射孔取心工
02001	水文水井钻探工	03015	气测工
02005	工程地质工程施工钻工	03020	地层测试工

续表

信息值代码	信息值名称	信息值代码	信息值名称
03025	采油测试工	07025	天然气炭黑操作工
03030	采气测试工	07030	天然气炭黑检验工
03035	测井绘解工	07999	其他
03999	其他	08	炼油
04	采油采气	08001	常减压蒸馏装置操作工
04001	采油工	08005	催化裂化装置操作工
04005	采油地质工	08010	蜡油渣油加氢装置操作工
04010	注水泵工	08015	减黏裂化装置操作工
04015	捞油工	08020	延迟焦化装置操作工
04020	注聚工	08025	加氢裂化装置操作工
04025	聚合物配制工	08030	催化重整装置操作工
04030	热注运行工	08035	汽(煤、柴)油加氢装置操作工
04035	采气工	08040	焦化污油装置操作工
04999	其他	08045	制氢装置操作工
05	集输	08050	气体分馏装置操作工
05001	集输工	08055	烷基化装置操作工
05005	油气田水处理工	08060	硫黄回收装置操作工
05010	输油工	08065	沥青装置操作工
05015	综合计量工	08070	正己烷装置操作工
05020	输气工	08075	溶剂油装置操作工
05025	油气管道保护工	08080	石蜡加氢装置操作工
05999	其他	08085	S-Zorb 汽油吸附脱硫装置操作工
06	井下作业	08090	尿素脱蜡装置操作工
06001	井下作业工	08095	分子筛脱蜡装置操作工
06005	作业机司机	08100	溶剂脱沥青装置操作工
06010	井下作业工具工	08105	酮苯脱蜡装置操作工
06015	特车泵工	08110	白土补充精制装置操作工
06020	配液工	08115	润滑脂装置操作工
06025	潜油电泵作业工	08120	润滑油加氢装置操作工
06999	其他	08125	石蜡装置操作工
07	天然气加工	08130	临氢降凝装置操作工
07001	轻烃装置操作工	08135	微生物脱蜡操作工
07005	天然气净化分析工	08140	白油装置操作工
07010	天然气净化操作工	08145	脱蜡装置操作工
07015	天然气提氦分析工	08150	异构脱蜡装置操作工
07020	天然气提氦操作工	08155	蜡裂解重合装置操作工

续表

信息值代码	信息值名称	信息值代码	信息值名称
08160	溶剂精制装置操作工	09125	裂解汽油加氢装置操作工
08165	合成油脂装置操作工	09130	双环戊二烯装置操作工
08170	电化学精制装置操作工	09135	环己烷装置操作工
08175	油品储运调和操作工	09140	干气制乙苯装置操作工
08180	油品再生调和工	09145	二甲苯装置操作工
08185	罐装制桶操作工	09150	三甲苯装置操作工
08190	重油制气工	09155	苯烃化装置操作工
08195	管网维护工	09160	制苯装置操作工
08200	合成制氢装置操作工	09165	苯乙烯装置操作工
08999	其他	09170	醋酸装置操作工
09	化工	09175	丁辛醇装置操作工
09001	石油焦煅烧操作工	09180	乙醛装置操作工
09005	压缩机工	09185	甲基叔丁基醚/1-丁烯装置操作工
09010	天然气压缩机操作工	09190	苯胺装置操作工
09015	压风机司机	09195	硝基苯装置操作工
09020	制冷工	09200	甲醛装置操作工
09025	空调运行工	09205	苯酚丙酮装置操作工
09030	二氧化碳装置操作工	09210	丙酮氰醇装置操作工
09035	干气制氢装置操作工	09215	醇酮装置操作工
09040	干燥工	09220	环氧乙烷/乙二醇装置操作工
09045	色母粒装置操作工	09225	氯乙烯装置操作工
09050	硫铵工	09230	丙烯腈装置操作工
09055	硫酸生产工	09235	己二胺装置操作工
09060	硝酸生产工	09240	己二腈装置操作工
09065	氢氧化钠(钾)生产工	09245	己二酸装置操作工
09070	无机反应工	09250	涤短油剂装置操作工
09075	氰化钠装置操作工	09255	丙烯酰胺装置操作工
09080	硫氰酸钠装置操作工	09260	脂肪醇装置操作工
09085	环烷酸盐装置操作工	09265	环烷酸装置操作工
09090	硬脂酸钙装置操作工	09270	甲醇装置操作工
09095	二氧化钛操作工(钛白粉装置操作工)	09275	甲乙酮装置操作工
09100	气体深冷分离工	09280	异丙醚装置操作工
09105	乙烯装置操作工	09285	异丙醇装置操作工
09110	丁二烯装置操作工	09290	苯酐装置操作工
09115	异丁烯装置操作工	09295	对苯二甲酸二甲酯装置操作工
09120	乙炔装置操作工(天然气法)	09300	精对苯二甲酸装置操作工

续表

信息值代码	信息值名称	信息值代码	信息值名称
09305	碳酸二甲酯装置操作工	09485	乙丙橡胶装置操作工
09310	异丙胺装置操作工	09490	丁腈橡胶装置操作工
09315	环丁砜装置操作工	09495	丁苯橡胶装置操作工
09320	烷基苯装置操作工	09500	丁苯胶乳装置操作工
09325	醋酸乙烯装置操作工	09505	橡胶制品生产工
09330	己内酰胺装置操作工	09510	丁基橡胶装置操作工
09335	羟胺肟化装置操作工	09515	SBS 橡胶装置操作工
09340	氯丙烯装置操作工	09520	有机合成工
09345	氯化苯装置操作工	09525	精细化工装置操作工
09350	间苯二酚装置操作工	09530	季戊四醇装置操作工
09355	顺酐装置操作工	09535	正丙醇装置操作工
09360	丙烯酸及酯装置操作工	09540	富马酸装置操作工
09365	表活剂装置操作工	09545	乙烯-醋酸乙烯共聚乳液装置操作工(VAE)
09370	弛放气装置操作工	09550	透明质酸操作工
09375	乙腈装置操作工	09555	松香皂反应工
09380	环氧丙烷装置操作工	09560	活性炭生产工
09385	聚醚装置操作工	09565	洗涤剂产品制造工
09390	过氧化二异丙苯(DCP)装置操作工	09570	塑料编织生产操作工
09395	环氧氯丙烷装置操作工	09575	PVC 管型材生产工
09400	环己酮装置操作工	09580	聚丙烯双向拉伸薄膜(BOPP)操作工
09405	聚乙烯装置操作工	09585	塑料制品制造工
09410	氯化聚乙烯装置操作工	09999	其他
09415	聚丙烯装置操作工	10	化纤
09420	聚苯乙烯装置操作工	10001	聚乙烯醇制造工
09425	聚丁二烯装置操作工	10005	腈纶聚合操作工
09430	聚氯乙烯装置操作工	10010	腈纶回收操作工
09435	酚醛树脂装置操作工	10015	涤纶乙二醇回收操作工
09440	环氧树脂装置操作工	10020	锦纶聚合操作工
09445	ABS 装置操作工	10025	丙纶聚合操作工
09450	聚丙烯酰胺装置操作工	10030	尼龙 66 盐装置操作工
09455	SAN 装置操作工	10035	聚酯装置操作工
09460	三聚氰胺装置操作工	10040	聚酯增黏装置操作工
09465	MFR 装置操作工	10045	聚酰胺装置操作工
09470	碳五加氢石油树脂装置操作工	10050	维纶原液制备工
09475	丁苯树脂装置操作工	10055	涤纶短纤维纺丝工
09480	顺丁橡胶装置操作工	10060	涤纶长纤维纺丝工

续表

信息值代码	信息值名称	信息值代码	信息值名称
10065	腈纶纺丝操作工	13020	自动焊接工
10070	锦纶长纤维纺丝工	13025	石油金属结构制作工
10075	丙纶纺丝操作工	13030	油漆工
10080	维纶纺丝工	13035	油管防腐工
10085	锦纶后处理工	13040	木工
10090	涤纶短纤维后处理工	13045	施工机械操作工
10095	涤纶长纤维后处理工	13050	砌筑工
10100	丙纶短纤维后处理工	13055	混凝土工
10105	丙纶长纤维后处理工	13060	钢筋工
10110	腈(涤)纶毛条工	13065	架子工
10115	维纶后处理工	13070	防水工
10120	无纺布制造工	13075	抹灰工
10125	纺丝组件工	13080	压路机操作工
10130	毛纺纺纱工	13085	沥青混凝土摊铺机操作工
10135	毛纺试验工	13090	路面工
10140	维纶牵切纺纱工	13095	工程设备安装工
10145	染纱挡车工	13100	工程电气设备安装调试工
10150	地毯织造工	13105	管工
10155	地毯后整理工	13110	油气管线安装工
10999	其他	13115	管道封堵工
11	化肥	13120	中小型建筑机械操作工
11001	合成氨装置操作工	13125	管道穿越钻工
11005	尿素装置操作工	13130	管道穿越泥浆工
11010	复合肥装置操作工	13135	安装起重工
11015	煤造气装置操作工	13999	其他
11999	其他	14	建材
12	催化剂与添加剂	14001	缠绕筛管制造工
12001	催化剂制造工	14005	制材工
12005	催化剂试验工	14010	水泥生料制备工
12010	化工添加剂制造工	14015	水泥供料工
12999	其他	14020	水泥熟料工
13	工程施工	14025	油毡制毡工
13001	工程测量工	14030	保温材料制造工
13005	防腐绝缘工	14035	密封件制造工
13010	电焊工	14040	金刚石制造工
13015	气焊工	14045	玻璃制品工

续表

信息值代码	信息值名称	信息值代码	信息值名称
14999	其他	15170	制齿工
15	机械制造	15175	数控制齿机床操作工
15001	电炉炼钢工	15180	套管接箍车丝工
15005	冷轧管工	15185	抛磨光工
15010	纵剪工	15190	下料工
15015	酸洗工	15195	铸造工
15020	钢管防腐工	15200	熔化工
15025	防腐操作工	15205	特种铸造工
15030	防腐检验及修补工	15210	锻造工
15035	焊管生产操作工	15215	冲压工
15040	螺旋钢管制造工	15220	热处理工
15045	卷管成型工	15225	钣金工
15050	埋弧焊管自动焊工	15230	钢瓶制造工
15055	高频焊管成焊工	15235	制桶工
15060	钢管精整工	15240	喷砂工
15065	螺旋钢管精制工	15245	涂装工
15070	套管成品工	15250	高压喷洗工
15075	冷拔工	15255	电镀工
15080	钢丝绳制造工	15260	火焰热喷涂(焊)工
15085	麻芯浸油工	15265	电焊条制造工
15090	吊索制造工	15270	焊丝制造工
15095	钻头制造工	15275	焊剂制造工
15100	车工	15280	钳工
15105	数控车床工	15285	射孔弹制造工
15110	铣工	15290	滤清器制造工
15115	数控铣床操作工	15295	门窗制作工
15120	刨插工	15300	管件制造工
15125	磨工	15305	绝热瓶装校工
15130	数控磨床操作工	15310	中子管装校工
15135	研磨工	15315	检波器制造工
15140	镗工	15320	管端保护环生产工
15145	数控镗床操作工	15325	套管螺纹保护器生产工
15150	钻床工	15330	潜油电泵电缆工
15155	数控钻床操作工	15335	潜油电泵组装检修工
15160	组合机床操作工	15340	隔热管制造工
15165	加工中心操作工	15345	复合管成型注塑工

续表

信息值代码	信息值名称	信息值代码	信息值名称
15350	内燃机装调工	17035	采输气仪表工
15355	木模型工	17040	采油测试仪表工
15999	其他	17045	医疗器械维修工
16	机械修理	17050	地震仪器修理工
16001	农机修理工	17055	随钻仪器维修工
16005	机修钳工	17060	电测仪表工
16010	燃油设备检修工	17065	仪表维修工
16015	卸储煤设备检修工	17070	分析仪器维修工
16020	输煤机械检修工	17075	化工计量检定维修工
16025	工程机械修理工	17080	测井仪修工
16030	机泵维修钳工	17999	其他
16035	化纤设备保全工	18	发电
16040	钻井工具装修工	18001	燃料值班员
16045	石油钻机修理工	18005	锅炉运行值班员
16050	抽油机安装工	18010	锅炉辅机值班员
16055	注输泵修理工	18015	汽轮机辅机值班员
16060	特车泵修理工	18020	汽轮机运行值班员
16065	包装设备修理工	18025	燃气轮机操作工
16070	地震钻机修理工	18030	燃气轮机机电运行工
16075	可控震源修理工	18035	电气值班员
16080	管子修理工	18040	集控值班员
16085	油管(杆)修复工	18045	电机氢冷值班员
16090	作业机修理工	18050	电厂水处理值班员
16095	天然气压缩机修理工	18055	锅炉本体检修工
16100	拖拉机修理工	18060	锅炉附属设备检修工
16105	柴油机修理工	18065	汽轮机本体检修工
16110	拉丝模检修工	18070	汽轮机附属设备检修工
16999	其他	18075	内燃机发电工
17	仪器仪表安装修理	18999	其他
17001	电子仪器仪表装调工	19	供电
17005	仪表安装工	19001	变压器制造工
17010	钻井仪表工	19005	电缆、电线制造工
17015	仪表制造工	19010	变电安装工
17020	热工自动化设备检修工	19015	电缆安装工
17025	电气仪表工	19020	送电线路架设工
17030	在线分析仪表工	19025	送电线路工

续表

信息值代码	信息值名称	信息值代码	信息值名称
19030	配电线路工	21999	其他
19035	变电站值班员	22	交通运输
19040	电机检修工	22001	汽车维修漆工
19045	变压器检修工	22005	机车电工
19050	变电检修工	22010	汽车修理工
19055	电气试验工	22015	汽车维修电工
19060	高压试验工	22020	汽车喷油泵调试工
19065	继电保护工	22025	搪磨工
19070	用电监察员	22030	汽车驾驶员
19075	装表接电工	22035	机车司机
19080	电工	22040	机车检修工
19085	维修电工	22045	铁路运行工
19090	船舶电工	22050	船舶水手
19095	充放电工	22055	船舶驾驶员
19100	无线电装接工	22060	船舶机工
19999	其他	22065	船舶轮机员
20	供水供热	22070	海上救捞潜水员
20001	净水工	22075	气胀式救生筏检修工
20005	化学水处理工	22080	坞台防腐工
20010	海水淡化操作工	22085	溢油回收工
20015	供水工	22090	天车工
20020	循环水操作工	22095	起重机驾驶员
20025	热力司炉工	22100	塔式起重机驾驶员
20030	锅炉检修工	22105	蒸汽起重机司机
20035	蒸汽车司炉工	22110	叉车司机
20040	热力网值班员	22115	汽车检测工
20999	其他	22120	发动机检验工
21	通信	22125	雷达工
21001	电信业务营销员	22999	其他
21005	话务员	23	科研与分析化验
21010	传输机务员	23001	石油化工科研实验工
21015	线务员	23005	化工分析工
21020	电话交换机务员	23010	油田化学实验工
21025	电力机务员	23015	燃料化验员
21030	市话测量员	23020	油务员
21035	铁路通信工	23025	油品分析工

续表

信息值代码	信息值名称	信息值代码	信息值名称
23030	原油分析工	26045	阀门检验工
23035	采油化验工	26050	无线电装接检查工
23040	沥青化验工	26055	产品安全性能检验工
23045	化纤物性检验工	26060	食品检验工
23050	岩性分析实验工	26065	采油机械试验工
23999	其他	26070	能源监测工
24	物资供销	26075	管道容器检测工
24001	CNG 站操作工	26080	计量检定工
24005	LPG 站操作工	26085	衡器操作工
24010	加油站操作员	26090	化学计量检定工
24015	推销员	26095	油品计量工
24016	油气站便利店营业员	26100	水表检定工
24020	采购员	26999	其他
24025	仓库保管工	27	计算机
24030	危险物品保管工	27001	计算机文字录入处理员
24035	物资调运员	27005	计算机操作员
24040	固体包装工	27010	计算机场地工
24045	桶装油品作业工	27015	计算机磁带工
24999	其他	27020	计算机工作站操作工
25	环境保护	27025	计算机系统操作工
25001	环境生物监测工	27030	计算机维修工
25005	环境监测工	27999	其他
25010	污水处理工	28	广播电视新闻出版
25015	焚烧装置操作工	28001	制图员
25020	火炬回收系统操作工	28005	描图工
25999	其他	28010	晒图工
26	技术监督	28015	摄像师
26001	电能表校验修理工	28020	有线电视机线员
26005	水质检验工	28025	电影放映员
26010	工业化学分析工	28030	平版照相工
26015	物理金相实验工	28035	电子分色工
26020	建筑材料试验工	28040	电子图像处理工
26025	物性检验工	28045	平版晒版工
26030	原料及钢管检验工	28050	平版制版工
26035	固井水泥实验工	28055	电脑照排工
26040	无损探伤工	28060	校对工

续表

信息值代码	信息值名称	信息值代码	信息值名称
28065	印刷工	29165	制鞋工
28070	装订工	29170	装饰美工
28999	其他	29175	电梯维修工
29	后勤服务	29180	煤气检修工
29001	经管员	29999	其他
29005	图书管理员	30	农副业
29010	档案保管员	30001	农艺工
29015	食堂管理员	30005	蔬菜工
29020	保安员	30010	绿化花卉工
29025	消防战斗员	30015	果树工
29030	防毒防化抢险员	30020	家畜饲养工
29035	商品营业员	30025	家禽饲养工
29040	中式烹调师	30030	兽医化验员
29045	中式面点师	30035	渠道维护工
29050	西式烹调师	30040	灌区供水工
29055	西式面点师	30045	拖拉机驾驶员
29060	调酒师	30050	漂粉精制造工
29065	餐厅服务员	30055	离子膜电解工
29070	前厅服务员	30060	制粉工
29075	客房服务员	30065	玉米油制造工
29080	导游员	30070	乳品加工工
29085	展览讲解员	30075	冷食品制作工
29090	汽车客运服务员	30080	饮料制作工
29095	护理员	30085	酿酒工
29100	消毒工	30090	燃料乙醇中转站操作工
29105	物业管理员(师)	30095	燃料乙醇原料预处理工
29110	生活行政服务员	30100	燃料乙醇生产工
29115	洗衣师	30105	DDGS 酒精蛋白饲料制造工
29120	制冷设备维修工	30110	米面食品制作工
29125	家用电器维修工	30115	豆制品制作工
29130	音像复制设备维修调试工	30120	熟肉制品加工工
29135	办公设备维修工	30125	饲料加工操作工
29140	保育员	30130	饲料设备修理工
29145	煤气输送工	30135	螺旋藻养殖工
29150	液化石油气储运保管工	30140	螺旋藻采集工
29155	收费结算员	30145	螺旋藻提取工
29160	服装缝纫工	30999	其他

2.2.81　CT322 特种作业领域代码

信息值代码	信息值名称	信息值代码	信息值名称
01	电工作业	08	机动车辆驾驶
02	锅炉司炉	09	机动船舶驾驶、轮机操作
03	压力容器操作	10	建筑登高架设作业
04	起重机械作业	11	压力管道作业
05	爆破作业	12	危险品化学品操作
06	金属焊接(气割)作业	99	其他作业
07	煤矿井下瓦斯检验		

2.2.82　CT323 考评员级别代码

信息值代码	信息值名称	信息值代码	信息值名称
1	高级考评员	2	考评员

2.2.83　CT324 资格证书类型代码

信息值代码	信息值名称	信息值代码	信息值名称
10	执业资格证书	40	特种作业资格证书
20	职业资格证书	50	职业技能鉴定督导员资格证书
30	岗位资格证书	90	其他证书

2.2.84　CT325 资格证书名称代码

信息值代码	信息值名称	信息值代码	信息值名称
001	投资建设项目管理师	014	社会工作者
002	注册咨询工程师(投资)	015	助理社会工作者
003	一级注册建筑师	016	注册税务师
004	二级注册建筑师	017	初级质量
005	一级建造师	018	中级质量
006	二级建造师	019	价格鉴证师
007	管理咨询师	020	注册资产评估师
008	监理工程师	021	注册设备监理师
009	环境影响评价工程师	022	注册安全工程师
010	二级翻译专业资格(水平)	023	注册核安全工程师
011	三级翻译专业资格(水平)	024	国际商务师
012	计算机技术与软件	025	推销员
013	棉花质量检验师	026	注册土木工程师(岩土)

续表

信息值代码	信息值名称	信息值代码	信息值名称
027	注册土木工程师(港口与航道)	048	房地产经纪人
028	注册土木工程师(水利水电工程规划)	049	房地产估价师
029	注册土木工程师(水工结构)	050	执业药师
030	注册土木工程师(水利水电工程地质)	051	执业医师
031	注册土木工程师(水利水电工程移民)	052	矿业权评估师
032	注册土木工程师(水利水电工程水土保持)	053	造价工程师
033	注册电气工程师(发输变电)	054	企业法律顾问
034	注册电气工程师(供配电)	055	注册城市规划师
035	注册公用设备工程师(暖通空调)	056	土地登记代理人
036	注册公用设备工程师(给水排水)	057	注册会计师
037	注册公用设备工程师(动力)	058	注册石油天然气工程师
038	注册化工工程师	059	出版专业技术人员职业资格
039	注册环保工程师	060	法律职业资格(司法顾问)
040	一级注册结构工程师	061	一级企业文化管理师
041	二级注册结构工程师	062	二级企业文化管理师
042	一级人力资源管理师	063	三级企业文化管理师
043	二级人力资源管理师	064	一级心理咨询师
044	三级人力资源管理师	065	二级心理咨询师
045	高级物流师	066	三级心理咨询师
046	物流师	999	其他
047	助理物流师		

2.2.85 CT326 技术项目类别代码

信息值代码	信息值名称	信息值代码	信息值名称
100	国家重大科技专项	301	重大产业技术开发项目
200	国家科技部项目	305	高技术产业化项目
201	高技术研究发展计划(863 计划)	310	重大技术装备研制项目
205	科技支撑计划	315	创新能力建设项目
210	重点基础研究发展计划(973 计划)	400	国家自然科学基金委项目
215	星火计划	450	省部级重点项目
220	火炬计划	500	地市级重点项目
225	技术创新工程	550	集团公司重点项目
230	国家重点新产品计划	600	股份公司重点项目
235	区域可持续发展促进行动	650	直属单位重点项目
240	国家软科学研究计划	700	二级单位重点项目
245	国际科技合作计划	999	其他
300	国家发改委项目		

2.2.86　CT328 项目(奖励)级别代码

信息值代码	信息值名称	信息值代码	信息值名称
1	国际级	6	集团公司、股份公司
2	国家级	7	直属单位、分(子)公司
3	省部级	8	二级单位
4	地市级	9	其他
5	区县级		

2.2.87　CT329 项目中担任角色代码

信息值代码	信息值名称	信息值代码	信息值名称
1	主持	3	独立
2	主要参加者	9	其他

2.2.88　CT330 科技获奖类别代码

信息值代码	信息值名称	信息值代码	信息值名称
20	国家级科学技术奖	2203	省部级科学技术进步三等奖
2000	国家最高科学技术奖	2204	省部级科学技术进步四等奖
2001	国家发明特等奖	2211	省部级合理化建议和技术改进一等奖
2002	国家发明一等奖	2212	省部级合理化建议和技术改进二等奖
2003	国家发明二等奖	2213	省部级合理化建议和技术改进三等奖
2004	国家发明三等奖	2214	省部级合理化建议和技术改进四等奖
2005	国家发明四等奖	2299	省部级其他技术奖励
2011	国家自然科学特等奖	32	省部级社科奖
2012	国家自然科学一等奖	3201	省部级社会科学一等奖
2013	国家自然科学二等奖	3202	省部级社会科学二等奖
2014	国家自然科学三等奖	3203	省部级社会科学三等奖
2015	国家自然科学四等奖	3204	省部级社会科学四等奖
2021	国家科学技术进步特等奖	40	国家质量奖
2022	国家科学技术进步一等奖	4001	国家质量金质奖
2023	国家科学技术进步二等奖	4002	国家质量银质奖
2024	国家科学技术进步三等奖	4005	国家优秀新产品金龙奖
2031	全国科学大会奖	4006	国家优秀设计金质奖
2099	国家级其他技术奖励	4007	国家优秀设计银质奖
22	省部级科学技术奖	42	省部级新产品奖
2201	省部级科学技术进步一等奖	4201	省部级优秀新产品奖
2202	省部级科学技术进步二等奖	4202	省部级优秀新产品一等奖

续表

信息值代码	信息值名称	信息值代码	信息值名称
4203	省部级优秀新产品二等奖	6103	集团公司发明三等奖
4204	省部级优秀新产品三等奖	6104	集团公司发明四等奖
4211	省部级优秀设计金质奖	65	集团公司所属单位科学技术进步奖
4212	省部级优秀设计银质奖	6501	集团公司所属单位科学技术进步一等奖
4213	省部级优秀设计奖	6502	集团公司所属单位科学技术进步二等奖
4214	省部级优秀设计一等奖	6503	集团公司所属单位科学技术进步三等奖
4215	省部级优秀设计二等奖	70	集团公司所属单位二级单位科学技术进步奖
4216	省部级优秀设计三等奖	7001	集团公司所属单位二级单位科学技术进步一等奖
50	工艺美术奖	7002	集团公司所属单位二级单位科学技术进步二等奖
5001	全国美术展览优秀作品金奖	7003	集团公司所属单位二级单位科学技术进步三等奖
5002	全国美术展览优秀作品银奖	75	QC 成果奖
5003	全国美术展览优秀作品铜奖	7501	集团公司 QC 成果奖
5005	工艺美术百花奖	7502	企业 QC 成果奖
60	集团公司科学技术进步奖	7503	二级单位 QC 成果奖
6001	集团公司科学技术进步一等奖	78	合理化建议奖
6002	集团公司科学技术进步二等奖	7801	集团公司合理化建议奖
6003	集团公司科学技术进步三等奖	7802	企业合理化建议奖
61	集团公司发明奖	7803	二级单位合理化建议奖
6101	集团公司发明一等奖	80	国外各种奖励
6102	集团公司发明二等奖	99	其他奖励

2.2.89　CT331 技术成果类别代码

信息值代码	信息值名称	信息值代码	信息值名称
01	著作	06	模型
02	编译(著)	07	技术资料
03	论文	08	工程
04	专利	09	专业管理工作
05	实物		

2.2.90　CT332 技术成果水平代码

信息值代码	信息值名称	信息值代码	信息值名称
1	国际领先水平	5	省(部)先进水平
2	国内领先水平	6	集团公司领先水平
3	国际先进水平	7	集团公司先进水平
4	国内先进水平		

2.2.91　CT333 专利类别代码

信息值代码	信息值名称	信息值代码	信息值名称
1	国内发明专利	3	国内外观设计专利
2	国内实用新型专利	4	国外专利

2.2.92　CT334 论文、论著作者身份代码

信息值代码	信息值名称	信息值代码	信息值名称
10	独著	29	其他作者
20	合著	30	编写
21	第一作者	31	主编
22	第二作者	32	副主编
23	第三作者	33	编写人

2.2.93　CT335 排名代码

信息值代码	信息值名称	信息值代码	信息值名称
01	第 1 名	09	第 9 名
02	第 2 名	10	第 10 名
03	第 3 名	11	第 11 名
04	第 4 名	12	第 12 名
05	第 5 名	13	第 13 名
06	第 6 名	14	第 14 名
07	第 7 名	15	第 15 名
08	第 8 名		

2.2.94 CT336 专业人才及奖励类别代码

信息值代码	信息值名称	信息值代码	信息值名称
10	国家级	64	集团公司第三层次学术技术带头人
11	中国科学院院士	65	闵恩泽青年科技人才奖
12	中国工程院院士	66	集团公司优秀青年知识分子
13	外国科学院院士	69	集团公司其他专家
20	全国工程勘察设计大师	70	直属单位级
21	有突出贡献的中青年科学、技术、管理专家	80	社会团体类
22	享受政府特殊津贴人员	81	李四光野外地质工作者奖
24	新世纪百千万人才工程国家级人选	82	李四光地质科学研究者奖
25	全国杰出专业技术人才	83	李四光地质教师奖
26	中国青年科技奖	84	李四光特别奖
29	国家级其他专家	85	孙越崎科技教育基金能源大奖
30	省(部)级	86	孙越崎科技教育基金青年科技奖
31	省(部)级突出贡献专家	87	侯祥麟石油加工科学技术奖
32	省(部)级其他专家	88	侯德榜化工科学技术成就奖
40	地(市)级	89	侯德榜化工科学技术创新奖
60	集团公司级	90	何梁何利科学与技术成就奖
61	集团公司突出贡献专家	91	何梁何利科学与技术进步奖
62	集团公司第一层次学术技术带头人	99	其他
63	集团公司第二层次学术技术带头人		

2.2.95 CT337 技能人才及奖励类别代码

信息值代码	信息值名称	信息值代码	信息值名称
10	中华技能大奖	40	集团公司技术能手
20	全国技术能手	50	直属单位技术能手
30	中央企业技术能手	60	二级单位级技术能手
35	省部级技术能手	99	其他
37	地市级技术能手		

2.2.96 CT338 技能荣誉获得方式代码

信息值代码	信息值名称	信息值代码	信息值名称
2	评选	7	技术比武
6	技能竞赛		

2. 2. 97　CT339 职业技能竞赛层次代码

信息值代码	信息值名称	信息值代码	信息值名称
01	国际级	07	集团公司级
02	国家级 1 类	08	事业部(板块)级
03	国家级 2 类	09	直属单位、分(子)公司
04	省部级	10	二级单位
05	地市级	99	其他
06	区县级		

2. 2. 98　CT340 办理特殊工种提前退休标识代码

信息值代码	信息值名称	信息值代码	信息值名称
1	到龄后单位通知办理退休	2	到龄后需个人申请办理退休

2. 2. 99　CT341 职务变动类别代码

信息值代码	信息值名称	信息值代码	信息值名称
10	职务晋升	2003	平级调整任职(增减职务)
1001	直接提正(没有副职经历)	2004	平级兼任职务
1002	副提正	2005	向下兼任职务
1003	提副职	30	降职
20	职务调整	40	免职
2001	行政转党群任职	99	其他
2002	党群转行政任职		

2. 2. 100　CT342 职业技能鉴定分类代码

信息值代码	信息值名称	信息值代码	信息值名称
10	正常鉴定	30	竞赛获得
11	初次鉴定	40	破格
12	晋级鉴定	50	其他
20	转换工种		

2. 2. 101　CT343 职业技能考试类型代码

信息值代码	信息值名称	信息值代码	信息值名称
10	正常	30	技能补考
20	理论补考	40	双补考

2.2.102 CT344 免职方式代码

信息值代码	信息值名称	信息值代码	信息值名称
21	落选	24	届满
22	解聘(正常职务免除)	29	其他免职方式
23	降、免、撤		

2.2.103 CT345 职业技能鉴定机构代码

信息值代码	信息值名称	信息值代码	信息值名称
78003101	胜利油田职业技能鉴定中心	78003219	湖北化肥职业技能鉴定站
78003102	中原油田职业技能鉴定中心	78003220	中原石化职业技能鉴定站
78003103	河南油田职业技能鉴定中心	78003230	石炼职业技能鉴定站
78003104	江汉油田职业技能鉴定中心	78003237	济炼职业技能鉴定站
78003105	江苏油田职业技能鉴定中心	78003232	武汉石化职业技能鉴定站
78003107	管道储运职业技能鉴定中心	78003233	福建炼化职业技能鉴定站
78003201	燕山石化职业技能鉴定中心	78003211	南化职业技能鉴定站
78003202	齐鲁石化职业技能鉴定中心	78003235	沧炼职业技能鉴定站
78003205	茂名石化职业技能鉴定中心	78003303	北京销售职业技能鉴定站
78003206	天津石化职业技能鉴定中心	78003304	山东销售职业技能鉴定站
78003207	扬子石化职业技能鉴定中心	78003305	湖北销售职业技能鉴定站
78003209	上海石化职业技能鉴定中心	78003306	湖南销售职业技能鉴定站
78003236	润滑油职业技能鉴定中心	78003307	上海销售职业技能鉴定站
78003301	山西销售职业技能鉴定中心	78003308	天津销售职业技能鉴定站
78003302	江西销售职业技能鉴定中心	78003309	河北销售职业技能鉴定站
78003109	华东石油职业技能鉴定站	78003310	河南销售职业技能鉴定站
78003110	华北石油职业技能鉴定站	78003311	安徽销售职业技能鉴定站
78003111	西南石油职业技能鉴定站	78003312	江苏销售职业技能鉴定站
78003112	西北石油职业技能鉴定站	78003313	福建销售职业技能鉴定站
78003204	金陵石化职业技能鉴定站	78003314	贵州销售职业技能鉴定站
78003203	高桥石化职业技能鉴定站	78003315	广西销售职业技能鉴定站
78003208	巴陵石化职业技能鉴定站	78003316	浙江销售职业技能鉴定站
78003242	长岭炼化职业技能鉴定站	78003317	云南销售职业技能鉴定站
78003210	仪征化纤职业技能鉴定站	78003318	海南销售职业技能鉴定站
78003212	镇海炼化职业技能鉴定站	78003319	广东销售职业技能鉴定站
78003213	广州石化职业技能鉴定站	78003320	华南销售职业技能鉴定站
78003214	安庆石化职业技能鉴定站	78003401	四建职业技能鉴定站
78003215	洛阳石化职业技能鉴定站	78003402	五建职业技能鉴定站
78003216	荆门石化职业技能鉴定站	78003403	宁波工程职业技能鉴定站
78003217	川维职业技能鉴定站	99999999	其他鉴定机构
78003218	九江石化职业技能鉴定站		

2.2.104　CT346 高级技师评审申报专业组代码

信息值代码	信息值名称	信息值代码	信息值名称
10	石油探勘开发	50	油品销售
20	石油工程	60	工程建设
30	炼油	99	其他
40	化工		

2.2.105　CT501 用工总量计划类型代码

信息值代码	信息值名称	信息值代码	信息值名称
1	用工总量控制目标	2	年度用工总量考核指标

2.2.106　CT502 单位增员减员种类代码

信息值代码	信息值名称	信息值代码	信息值名称
10000	增员	16102	从国有企事业单位调入
11000	招收(聘)录用	16103	从其他单位调入
11210	招录的高层次人才	16200	从中国石化系统内其他单位调入
11220	招录的成熟人才	16205	从其他直属单位调入
11230	招录的核心业务普通岗位人员	16230	从本企业其他二级单位调入
11300	招录的博士毕业生	16240	从本企业其他三级单位调入(仅限石油工程、炼化工程)
11400	招录的硕士毕业生		
11500	招录的大学本科毕业生	17000	调整用工形式(派遣制员工转为合同制员工)
11600	招录的大学专科(高职)毕业生		
11700	招录的中专毕业生	19000	其他增员
11800	招录的技工学校毕业生	20000	减员
12000	接收的退役士兵	21000	离休
13000	接收的军转干部	22000	退休
15000	成建制转入	23000	退职
15100	从中国石化系统外其他单位转入	24000	合同终止或解除合同
15200	从中国石化系统内其他单位转入	24100	终止劳动合同
15205	从其他直属单位转入	24200	解除劳动合同
15230	从本企业其他二级单位转入	24500	参加业务(服务)外包解除劳动合同
15240	从本企业其他三级单位转入(仅限石油工程、炼化工程)	24220	移交办社会解除劳动合同
		24240	结构调整协议解除劳动合同
16000	调入	24241	关停拆撤解除
16100	从中国石化系统外其他单位调入	24242	改制分流前解除
16101	从国家机关调入	24243	富余职工解除

续表

信息值代码	信息值名称	信息值代码	信息值名称
24244	其他解除	25240	转往本企业其他三级单位(仅限石油工程、炼化工程)
24400	协商解除劳动合同		
24250	企业单方解除违法员工劳动合同	26000	调出
24260	企业单方解除违纪员工劳动合同	26100	调往中国石化系统外其他单位
24270	其他类型企业单方解除劳动合同	26200	调往中国石化系统内其他单位
24280	员工单方解除劳动合同	26205	调往其他直属单位
24290	离职	26230	调往本企业其他二级单位
24300	其他类型解除劳动合同	26240	调往本企业其他三级单位(仅限石油工程、炼化工程)
25000	成建制转出		
25100	转往中国石化系统外其他单位	27000	参军
25200	转往中国石化系统内其他单位	28000	死亡
25205	转往其他直属单位	29000	其他减员
25230	转往本企业其他二级单位		

2.2.107　CT503 流动原因代码

信息值代码	信息值名称	信息值代码	信息值名称
01	支援国家重点建设项目	42	移居国(境)外
02	加强国家重点建设部门	43	考取研究生
03	支援边远地区	44	干部交流
04	加强乡(镇)一级党政机关	45	人才交流
05	充实基层生产第一线	46	待遇偏低
11	机构调整	47	人际关系不良
12	人员调整安置	48	个人发展受阻
13	调整所学非所用	49	其他个人原因
21	解决夫妻分居	61	违法违纪
22	照顾家庭困难	62	不适应工作需要
31	落实政策	99	其他
41	出国深造		

2.2.108　CT504 预计减员渠道代码

信息值代码	信息值名称	信息值代码	信息值名称
10	自然减员	90	其他渠道减员
11	在岗职工自然减员	91	在岗职工其他渠道减员
19	其他人员自然减员	99	其他人员其他渠道减员

2.2.109 CT505 职工增补渠道代码

信息值代码	信息值名称	信息值代码	信息值名称
10	应届毕业生引进	30	社会招聘
11	博士研究生	31	国内高层次人才引进
12	硕士研究生	34	国内其他人才引进
13	双学位	36	国外高层次人才引进
14	本科	39	国外其他人才引进
15	大专(高职)	90	其他渠道引进
20	军转复退人员		

2.2.110 CT506 所需专业分类代码

信息值代码	信息值名称	信息值代码	信息值名称
01	油气勘探开发类	10	计算机与信息类
02	炼油化工类	11	财务金融类
03	机械设备类	12	营销贸易经济类
04	油气储运类	13	工商管理人力资源类
05	安全环保类	14	法律类
06	热能电力类	15	外语类
07	电气仪表自控类	99	其他
08	建筑工程类		

2.2.111 CT507 借调类型代码

信息值代码	信息值名称	信息值代码	信息值名称
1	系统外借调	6	总部机关借聘
2	总部机关借调	7	直属单位间借聘
3	直属单位间借调	8	直属单位机关借聘
4	直属单位机关借调	9	二级单位间借聘
5	二级单位间借调		

2.2.112 CT508 其他用工来源代码

信息值代码	信息值名称	信息值代码	信息值名称
10	职工子女	39	其他类型解除劳动合同
20	占地农民工	40	社会人员
30	与单位解除劳动合同的原正式职工	50	聘用的港澳台及外籍人员
31	协议解除劳动合同	60	聘用的离退休人员
32	改革用工形式	70	石化系统内长期借入人员
33	改制分流	90	其他

2.2.113 CT509 劳务派遣单位类别代码

信息值代码	信息值名称	信息值代码	信息值名称
1	地方劳动部门主办的劳务公司	4	主办集体企业
2	非地方劳动部门主办的劳务公司	9	其他
3	改制企业		

2.2.114 CT510 离退类别代码

信息值代码	信息值名称	信息值代码	信息值名称
10	离休	23	提前退休
20	退休	24	延期退休
21	正常退休	30	退职
22	病退		

2.2.115 CT511 离退休人员来源代码

信息值代码	信息值名称	信息值代码	信息值名称
1	上市退休	2	非上市退休

2.2.116 CT512 借调方式代码

信息值代码	信息值名称	信息值代码	信息值名称
10	借出人员	20	借入人员

2.2.117 CT513 来(往)单位类型代码

信息值代码	信息值名称	信息值代码	信息值名称
10	中石化系统内单位	48	中国其他能源企业
20	政府机关	49	中国其他企业
31	中国石油集团	61	跨国能源公司
32	中国海洋石油总公司	69	其他跨国公司
33	神华集团	70	海外当地公司
34	中国中化集团	99	其他单位
35	中国化工集团		

2.2.118 CT601 班子及领导干部考核类型代码

信息值代码	信息值名称	信息值代码	信息值名称
1	日常考核	4	跟踪考核
2	年度考核	5	重点考核
3	任期考核	6	专项考核

2.2.119　CT602 考核考察类型代码

信息值代码	信息值名称	信息值代码	信息值名称
1	任期考核评价	3	提拔考察评价
2	年度考核评价		

2.2.120　CT603 员工考核类型代码

信息值代码	信息值名称	信息值代码	信息值名称
10	定期考核	20	聘期考核
11	月度	30	专项考核
12	季度	40	试用期考核
13	半年度	50	见习期考核
14	年度		

2.2.121　CT604 考核周期代码

信息值代码	信息值名称	信息值代码	信息值名称
10	年度	30	季度
20	半年	40	月度

2.2.122　CT605 考核结果评价等级代码

信息值代码	信息值名称	信息值代码	信息值名称
1	好	3	一般
2	较好	4	差

2.2.123　CT606 班子绩效考核结果等级代码

信息值代码	信息值名称	信息值代码	信息值名称
1	A	4	D
2	B	5	E
3	C		

2.2.124　CT607 奖惩类别代码

信息值代码	信息值名称	信息值代码	信息值名称
100	奖类	124	优秀共产党员
121	劳动模范	125	优秀领导干部
122	新长征突击手	126	优秀党务工作者
123	先进工作者	127	优秀工会工作者

续表

信息值代码	信息值名称	信息值代码	信息值名称
128	优秀工会积极分子	212	严重警告
129	操作能手	213	记过
130	优秀团干部	214	记大过
131	三八红旗手	215	降级
132	优秀知识分子	216	降职
133	五一劳动奖章	217	撤职
134	一级英雄模范奖章	218	留用查看
135	二级英雄模范奖章	219	辞退/开除
136	一等功奖章	250	中国共产党党内纪律处分
137	二等功奖章	251	警告
138	三等功奖章	252	严重警告
140	嘉奖	253	撤消党内职务
141	优秀教师	254	留党察看
142	优秀教育工作者	255	开除党籍
159	其他奖类	269	其他惩类
200	惩类	300	撤类
210	行政纪律处分	310	撤消党纪处分
211	警告	311	撤消行政处分

2.2.125 CT608 奖惩原因代码

信息值代码	信息值名称	信息值代码	信息值名称
01	忠于职守，积极工作，成绩显著的	54	压制批评，打击报复
02	遵守纪律，廉洁奉公，作风正派，办事公道，起模范作用的	55	弄虚作假，欺骗领导和群众
03	在工作中有发明，创造或者提出合理化建议，为国家取得显著经济效益和社会效益的	56	贪污、盗窃、行贿、受贿或者利用职权为自己和他人谋取私利
04	爱护公共财产，节约国家资财有突出成绩的	57	挥霍公款，浪费国家资财
05	防止或者挽救事故有功，使国家和人民利益免受或者减少损失的	58	滥用用人权，侵犯群众利益，损害政府和人民群众的关系
06	在抢险、救灾等特定环境中奋不顾身，作出贡献的	59	泄露国家秘密和工作机密
07	同违法违纪行为作斗争、有功绩的	60	在外事活动中有损国家荣誉和利益
08	在对外交往中，为国家争得荣誉和利益的	61	参与或者支持色情、吸毒、迷信、赌博等活动
49	有其他功绩的	62	违反社会公德，造成不良影响
51	散布有损政府声誉的言论，组织或者参加非法组织，组织或者参加旨在反对政府的集会、游行、示威等活动、组织	63	经商、办企业以及参与其他营利性的经营活动
52	玩忽职守，贻误工作	99	其他违反纪律的行为
53	对抗上级决议和命令		

2.2.126　CT609 考核结果等级 2 代码

信息值代码	信息值名称	信息值代码	信息值名称
A	较好	C	较差
B	一般		

2.2.127　CT701 缺勤及休假类型代码

信息值代码	信息值名称	信息值代码	信息值名称
0001	迟到/早退	0011	疗养假
0002	旷工	0012	产假
0003	年休假	0013	计划生育假
0004	探亲假	0014	婚假
0005	长期病假	0015	丧葬假
0006	短期病假	0016	献血假
0007	有薪事假	0017	陪护假
0008	无薪事假	0018	哺乳假
0009	工伤医疗期假	0019	护理假
0010	换休	0020	公假

2.2.128　CT702 缺勤及休假定额类型代码

信息值代码	信息值名称	信息值代码	信息值名称
03	年休假定额	11	疗养假定额
04	探亲假定额	14	婚假定额
10	换休定额	15	丧葬假定额

2.2.129　CT703 加班补偿类型代码

信息值代码	信息值名称	信息值代码	信息值名称
0	无补偿	2	补休
1	支付加班工资		

2.2.130　CT704 替班类型代码

信息值代码	信息值名称	信息值代码	信息值名称
11	替班		

2.2.131 CT705 总部统计工资项代码

信息值代码	信息值名称	信息值代码	信息值名称
8100	基本薪酬	8110	内退、待岗生活费
8101	初次套靠保留工资	8X10	生育津贴
8102	一线退出保留工资	8B50	独生子女费
8105	岗位工资	8B44	防暑降温费
8106	工龄工资	8B45	疗养费
8103	技能工资	8B40	医疗费
8186	保留工资	8B41	职工困难补助
8132	初始工资	8B42	食堂经费补贴
8125	基薪(现职高管)	8B43	加班餐费
8126	业绩奖金(现职高管)	8B60	劳动保护费-防暑降温费
8131	津补贴(现职高管)	8B61	劳动保护费-劳保用品
8112	月奖、季奖	8B62	劳动保护费-劳防用品
8113	年终奖	8B63	劳动保护费-卫生用品
8114	一次性单项奖	8B64	劳动保护费-职业防疗费
8190	其他奖金	8B6Z	劳动保护费-其他
8122	高技术(技能)津贴	8B4Z	其他福利
8129	艰苦边远地区津贴	8X00	补差工资(企业垫付)
8116	野外津贴	8163	应发工资
8118	岗位津贴	8164	应发工资(不入总额)
8191	技师津贴	8142	扣养老保险金
8170	住房补贴	8144	扣医疗保险金
8123	提租补贴	8143	扣失业保险金
8119	倒班津贴	8141	扣住房公积金
8120	夜班津贴	8174	扣个人所得税
8117	保健津贴	8145	扣企业年金个人缴费
8172	交通补贴	8146	扣补充医疗保险个人缴费
8173	通讯补贴	8Z01	代扣-水费
8171	生活补贴	8Z01	代扣-工会经费
8192	其他津补贴	8Z01	代扣-捐款
8199	特薪	8Z02	代扣-电费
8128	技术奖酬金	8Z03	代扣-电话费
8107	定额(计件)工资	8Z04	代扣-取暖费
8109	计时工资	8Z05	代扣-视卫费
8124	加班加点工资	8Z06	代扣-垃圾处理费
8130	其他工资	8Z07	代扣-卫生治安费

续表

信息值代码	信息值名称	信息值代码	信息值名称
8Z08	代扣-物业费	8202	劳务工其他费用
8Z09	代扣-手续费	8205	劳务工福利费
8Z10	代扣-抚养费	8300	企业补贴(离退休)
8Z11	代扣-帮困借款	8304	企业年金(离退休)
8Z12	代扣-班车费	8303	统筹基金支付(离退休)
8Z13	代扣-法院执行	8301	节日慰问金(离退休)
8Z14	代扣-煤气费	8302	其他现金支出(离退休)
8Z15	代扣-餐费	8305	离退休人员补充医疗保险
8Z16	代扣-房租(宿舍)费	8152	养老保险单位缴纳
8Z17	代扣-油品损耗	8154	医疗保险单位缴纳
8Z18	代扣-医药费	8153	失业保险单位缴纳
8Z19	代扣-库存赔付	8155	工伤保险单位缴纳
8Z20	代扣-罚款	8156	生育保险单位缴纳
8Z21	代扣-人教基金	8151	住房公积金单位缴纳
8Z22	代扣-入网费	8157	企业年金单位缴纳
8Z23	代扣-图书费	8158	补充养老保险(非集团统一企业年金)单位缴纳
8Z24	代扣-抚养费(员工供应商)		
8ZZZ	其他代扣款	8159	补充医疗保险单位缴纳
8203	劳务工教育经费	8B2Z	单位-其他保险
8204	劳务工工会经费	8B00	工会费计提
8201	劳务工其他保险	8B01	教育经费计提
8200	劳务工管理费		

2.2.132 CT706 工资变动原因代码

信息值代码	信息值名称	信息值代码	信息值名称
01	普调升级	22	工资集体转制
02	正常升级	23	军人转业复退
03	奖励升级	24	调动工作
04	处分降级	31	工资改革
11	职务变动	32	提高工资标准
12	职称工资兑现	33	调整工资区
13	见习、临时工资	41	落实政策
14	定级工资	42	离退休
15	考工升级	99	其他
21	工资套改		

2.2.133 CT707 基本社会保险类型代码

信息值代码	信息值名称	信息值代码	信息值名称
0001	基本养老保险	0004	工伤保险
0002	失业保险	0005	生育保险
0003	基本医疗保险		

2.2.134 CT708 社保公积金缴费更改原因代码

信息值代码	信息值名称	信息值代码	信息值名称
01	开户	04	销户
02	封存	05	转出
03	启封	06	转入

2.2.135 CT709 社保公积金缴纳方式代码

信息值代码	信息值名称	信息值代码	信息值名称
1	单位缴纳	3	暂不缴纳
2	正常缴纳		

2.2.136 CT711 税收范围代码

信息值代码	信息值名称	信息值代码	信息值名称
1	中国		

2.2.137 CT712 税收人员类型代码

信息值代码	信息值名称	信息值代码	信息值名称
1	居民	4	高职位外国人
2	在国外工作的中国人	5	临时工人
3	外国人		

2.2.138 CT713 银行账户类型代码

信息值代码	信息值名称	信息值代码	信息值名称
0	月工资主要银行	2	月工资其他银行
5	奖金主要银行	6	奖金其他银行

2.2.139　CT714 支付方式代码

信息值代码	信息值名称	信息值代码	信息值名称
T	银行转账	E	现金支付

2.2.140　CT715 工资总额控制类型代码

信息值代码	信息值名称	信息值代码	信息值名称
1	年初计划数	3	核定计划数
2	调整计划数		

2.2.141　CT716 企业工资总额控制项目代码

信息值代码	信息值名称	信息值代码	信息值名称
1	基本工资	4	津贴
2	奖金	5	补贴
3	加班加点工资	9	其他工资

2.2.142　CT717 工资总额使用情况代码

信息值代码	信息值名称	信息值代码	信息值名称
03000000	实际发放的工资合计	03050000	其他从业人员劳动报酬
03010000	在岗职工工资总额	03060000	不在岗人员生活费
03020000	在岗其他长期合同工工资总额	04000000	期初应付工资余额
03030000	临时性季节性合同工劳动报酬	04010000	期末应付工资余额
03040000	直接使用的非全日制用工劳动报酬		

2.2.143　CT718 人工成本手工录入项目代码

信息值代码	信息值名称	信息值代码	信息值名称
10	全日制劳务派遣工劳务费	21	劳动报酬
11	劳动报酬	22	提取的社会保险费
12	提取的社会保险费	2201	工伤保险费
1201	基本养老保险费	23	住房公积金
1202	基本医疗保险	24	管理费
1203	失业保险费	29	劳务费其他
1204	工伤保险费	30	培训费
1205	生育保险费	31	培训的经常费用
13	住房公积金	32	人才培训专项费用
14	管理费	33	培训机构建设的固定资产投资费用
19	劳务费其他	34	培训机构建设的软件开发费用
20	非全日制劳务派遣工劳务费	39	培训机构建设的其他费用

2.2.144　CT719 人工成本计划类型代码

信息值代码	信息值名称	信息值代码	信息值名称
1	计划上报数	3	控制数
2	预核数		

2.2.145　CT720 平均人数项目代码

信息值代码	信息值名称	信息值代码	信息值名称
01000000	平均人数合计	01010500	其他从业人员
01010000	单位从业人员	01020000	离开本岗位仍保留劳动关系人员
01010100	在岗职工	01020100	内部退养职工
01010200	在岗其他长期合同工	01020200	其他离开本岗位仍保留劳动关系人员
01010300	临时性季节性合同工	01030000	劳务派遣工
01010400	直接使用的非全日制用工	01040000	离退休(退职)人员

2.2.146　CT721 人工成本构成项目代码

信息值代码	信息值名称	信息值代码	信息值名称
02000000	人工成本总额合计	02010902	其中：医疗费用
02010000	职工薪酬	02010903	其中：其他
02010100	提取的工资	02010500	教育经费
02010200	提取的社会保险费	02010600	工会经费
02010201	基本养老保险费	02010700	住房费用
02010202	基本医疗保险	02010701	住房公积金
02010203	失业保险费	02010702	其他住房费用(不含按月发放的住房补贴)
02010204	工伤保险费	02010800	劳务费用
02010205	生育保险费	02010801	劳务工劳动报酬
02010300	其他保险费	02010802	社会保险及其他相关费用
02010301	企业年金/补充养老保险费	02011000	非货币性福利
02010302	补充医疗保险费	02011100	辞退福利(计入损益部分)
02010303	其他的其他保险费	02020000	其他人工成本
02010400	福利费(不含保险)	02020100	劳动保护费
02010900	离退休人员费用	02020200	其他
02010901	其中：企业补贴		

2.2.147　CT722 生产经营相关信息代码

信息值代码	信息值名称	信息值代码	信息值名称
05000000	成本费用总额	07000000	企业增加值
06000000	营业收入		

2.2.148　CT723 工资总额计划类型代码

信息值代码	信息值名称	信息值代码	信息值名称
1	工资总额基数	3	工资总额控制数
2	考核兑现奖		

2.2.149　CT724 总部工资总额控制项目代码

信息值代码	信息值名称	信息值代码	信息值名称
1010	工资总额基数	2030	在岗职工人数
1020	上年工资总额控制数(直管单位)	2040	考核兑现奖金
1030	上年工资总额预算(单列管理单位)	2050	人均兑现水平
1040	上年核兑现奖金	3140	工资总额控制数
1050	上年一次性奖励	3010	本年工资总额基数(直管单位)
1060	上年高管薪酬	3020	本年工资总额预算(单列管理单位)
1070	上年预支奖金	3040	考核兑现奖金
1080	上年增加工资翘尾	3050	总经理奖励
1090	上年减员核减工资	3060	高管薪酬
1110	其他 1	3070	技术奖酬金
1120	其他 2	3080	预兑现奖金
1130	其他 3	3110	其他 1
1040	考核兑现奖金	3120	其他 2
2010	综合考核得分	3130	其他 3
2020	基准兑现水平		

2.2.150　CT731 岗薪联动生成运行期间标识代码

信息值代码	信息值名称	信息值代码	信息值名称
00	手工维护	02	系统产生
01	系统调整		

2.2.151 CT732 岗薪联动资质等级代码

信息值代码	信息值名称	信息值代码	信息值名称
B1	教授级职称	C2	技师
B2	高级职称	C3	高级工
B3	中级职称	C4	中级工
B4	初级职称	C5	初级工
C1	高级技师		

2.2.152 CT801 培训项目状态代码

信息值代码	信息值名称	信息值代码	信息值名称
1	未启动	3	已完成
2	已启动	4	撤消

2.2.153 CT802 培训任务类别代码

信息值代码	信息值名称	信息值代码	信息值名称
1	重点人才培训	3	全员培训
2	关键岗位培训		

2.2.154 CT803 培训类别代码

信息值代码	信息值名称	信息值代码	信息值名称
10	资格培训	19	其他
11	上岗培训	20	岗位适应性培训
12	转岗培训	30	专项培训

2.2.155 CT804 培训内容类别代码

信息值代码	信息值名称	信息值代码	信息值名称
10	思想政治培训	40	业务培训
20	国际化知识培训	90	其他培训
30	制度文化培训		

2.2.156 CT805 参加培训形式代码

信息值代码	信息值名称	信息值代码	信息值名称
10	脱产	20	在岗培训
11	连续集中脱产	90	其他
12	分段集中脱产		

2.2.157　CT806 学习形式代码

信息值代码	信息值名称	信息值代码	信息值名称
1	面授	3	实训
2	远程	6	面授和实训

2.2.158　CT807 远程学习形式代码

信息值代码	信息值名称	信息值代码	信息值名称
R	必修	O	自选
E	选修		

2.2.159　CT808 办班地点类别代码

信息值代码	信息值名称	信息值代码	信息值名称
1	国内	3	国内和国外
2	国外		

2.2.160　CT809 主办单位类别代码

信息值代码	信息值名称	信息值代码	信息值名称
10	外部	21	集团公司
11	上级部门举办	22	直属单位
12	社会举办	23	二级单位
20	内部	24	其他内部培训机构

2.2.161　CT810 培训结果代码

信息值代码	信息值名称	信息值代码	信息值名称
1	优秀	3	合格
2	良好	4	不合格

2.2.162　CT811 培训对象类别代码

信息值代码	信息值名称	信息值代码	信息值名称
10	经营管理人员	30	技能操作人员
20	专业技术人员	40	国际化人才

2.2.163　CT812 内部培训教师级别代码

信息值代码	信息值名称	信息值代码	信息值名称
1	集团公司级	3	二级单位级
2	直属单位级		

2.2.164 CT813 培训费用承担单位代码

信息值代码	信息值名称	信息值代码	信息值名称
10	集团公司	30	二级单位
20	直属单位	90	其他

2.2.165 CT814 远程学习结果代码

信息值代码	信息值名称	信息值代码	信息值名称
P	已通过	C	已完成
F	未通过	I	未完成

2.2.166 CT815 培训机构人员类别

信息值代码	信息值名称	信息值代码	信息值名称
10	员工培训	40	职业技能鉴定
20	学历教育	80	生活后勤服务
30	幼儿教育	99	其他

2.2.167 CT902 档案材料类别代码

信息值代码	信息值名称	信息值代码	信息值名称
10	履历材料	90	工资、任免材料
20	自传材料	91	工资待遇材料
30	鉴定、考核、考察材料	92	干部任免材料
40	学历、学位、成绩、培训和专业技术情况材料	93	出国材料
50	政审材料	94	出席党代会、工代会等材料
60	参加中国共产党、共青团、民主党派的材料	95	其他工资、任免材料
70	奖励材料	99	有保存价值的材料
80	违犯党纪、政纪、国法处分材料		

2.2.168 CT903 档案转递类别代码

信息值代码	信息值名称	信息值代码	信息值名称
1	转入	2	转出

2.2.169 CT904 档案转递方式代码

信息值代码	信息值名称	信息值代码	信息值名称
1	专人取送	2	机要

2.2.170　CT905 档案查(借)阅方式代码

信息值代码	信息值名称	信息值代码	信息值名称
1	自查	4	复印
2	协查	5	摄像
3	借阅	9	其他

2.2.171　CT906 档案基础设施及设备名称代码

信息值代码	信息值名称	信息值代码	信息值名称
01	三室分开	11	加湿器
02	二室分开	12	去湿器
03	密集架	13	灭菌设备
04	库房面积	14	电风扇
05	铁质档案柜	15	复印机
06	防盗门窗	16	计算机
07	报警器	17	打印机
08	灭火器	18	扫描仪
09	温湿度表	19	照相机
10	空调器		

2.2.172　CT907 审核结果代码

信息值代码	信息值名称	信息值代码	信息值名称
01	合格	02	不合格

2.2.173　CT908 提醒业务类型代码

信息值代码	信息值名称	信息值代码	信息值名称
01	聘任到期	06	试用期到期
02	劳动合同到期	07	见习期到期
03	资格证到期	08	试岗到期
04	预计退休日期	09	档案借阅到期
05	居住证到期	11	女工生育休长假到期
25	工作许可证到期		

2.2.174　CT909 处理标识代码

信息值代码	信息值名称	信息值代码	信息值名称
0	新任务	2	已完成的任务
1	处理中任务		

2.2.175 CT910 是否

信息值代码	信息值名称	信息值代码	信息值名称
0	否	1	是

2.3 部分码表码值与业务对应关系

2.3.1 单位业务类别与单位业务大类对应关系

CT112 单位业务类别代码		CT113 单位业务大类	
业务类别代码	业务类别名称	业务大类代码	业务大类名称
100	直属单位管理机关	10	主营业务
110	直属单位机关附属	10	主营业务
200	采油、采气	10	主营业务
210	油气集输	10	主营业务
220	原油销售	10	主营业务
225	天然气销售	10	主营业务
230	地质勘探	10	主营业务
240	钻井	10	主营业务
250	测井	10	主营业务
255	录井	10	主营业务
260	井下作业	10	主营业务
270	地热	10	主营业务
300	炼油	10	主营业务
305	化工	10	主营业务
310	化纤	10	主营业务
315	化肥	10	主营业务
320	炼化产品销售	10	主营业务
325	成品油销售	10	主营业务
340	催化剂	10	主营业务
350	润滑油	10	主营业务
400	科学研究开发	10	主营业务
410	国际工程及贸易	10	主营业务
420	油建管道施工	10	主营业务
431	化建工程管理	10	主营业务
432	化建工程施工	10	主营业务
440	工程设计	10	主营业务

续表

CT112 单位业务类别代码		CT113 单位业务大类	
业务类别代码	业务类别名称	业务大类代码	业务大类名称
450	给水排水	20	辅助业务
460	发电供电供气供暖	20	辅助业务
470	空分空压	20	辅助业务
480	通讯信息	20	辅助业务
490	质检	20	辅助业务
500	储运	20	辅助业务
510	物资供应	20	辅助业务
520	车船运输	20	辅助业务
530	检修维修	20	辅助业务
540	机械制造	20	辅助业务
550	物业管理	30	后勤服务业务
560	宾馆酒店驻外机构	30	后勤服务业务
570	公寓食堂	30	后勤服务业务
580	教育培训	30	后勤服务业务
590	文化宣传	30	后勤服务业务
600	医疗卫生	30	后勤服务业务
610	警卫消防巡线护矿	30	后勤服务业务
620	离退休管理及服务	30	后勤服务业务
630	其他后勤服务	30	后勤服务业务
990	其他	90	其他

2.3.2　毕业院校及单位与院校性质对应关系

CT216 毕业学校及单位代码				CT238 院校性质代码	
院校地区代码	院校地区名称	院校代码	院校名称	院校性质代码	院校性质名称
10	北京市	1001	北京大学	3	985/211 工程院校
10	北京市	1002	中国人民大学	3	985/211 工程院校
10	北京市	1003	清华大学	3	985/211 工程院校
10	北京市	1004	北京交通大学	2	211 工程院校
10	北京市	1005	北京科技大学	2	211 工程院校
10	北京市	1006	中国石油大学(北京)	2	211 工程院校
10	北京市	1007	北京邮电大学	2	211 工程院校
10	北京市	1009	华北电力大学	2	211 工程院校
10	北京市	1010	北京化工大学	2	211 工程院校
10	北京市	1011	中国农业大学	3	985/211 工程院校

续表

CT216 毕业学校及单位代码				CT238 院校性质代码	
院校地区代码	院校地区名称	院校代码	院校名称	院校性质代码	院校性质名称
10	北京市	1012	北京林业大学	2	211 工程院校
10	北京市	1013	北京中医药大学	2	211 工程院校
10	北京市	1014	北京师范大学	3	985/211 工程院校
10	北京市	1015	北京外国语大学	2	211 工程院校
10	北京市	1017	对外经济贸易大学	2	211 工程院校
10	北京市	1018	中央财经大学	2	211 工程院校
10	北京市	1019	中国政法大学	2	211 工程院校
10	北京市	1020	中央民族大学	3	985/211 工程院校
10	北京市	1023	北京体育大学	2	211 工程院校
10	北京市	1024	北京理工大学	3	985/211 工程院校
10	北京市	1025	北京航空航天大学	3	985/211 工程院校
10	北京市	1032	北京工业大学	2	211 工程院校
10	北京市	1037	中国传媒大学	2	211 工程院校
10	北京市	1041	中央音乐学院	2	211 工程院校
10	北京市	1998	中国地质大学(北京)	2	211 工程院校
20	天津市	2001	南开大学	3	985/211 工程院校
20	天津市	2003	天津大学	3	985/211 工程院校
20	天津市	2010	天津医科大学	2	211 工程院校
30	河北省	3003	河北工业大学	2	211 工程院校
40	山西省	4002	太原理工大学	2	211 工程院校
50	内蒙古自治区	5001	内蒙古大学	2	211 工程院校
60	辽宁省	6001	大连理工大学	3	985/211 工程院校
60	辽宁省	6002	东北大学	3	985/211 工程院校
60	辽宁省	6003	大连海事大学	2	211 工程院校
60	辽宁省	6004	辽宁大学	2	211 工程院校
70	吉林省	7001	吉林大学	3	985/211 工程院校
70	吉林省	7002	东北师范大学	2	211 工程院校
70	吉林省	7003	延边大学	2	211 工程院校
80	黑龙江省	8001	东北林业大学	2	211 工程院校
80	黑龙江省	8002	哈尔滨工业大学	3	985/211 工程院校
80	黑龙江省	8003	哈尔滨工程大学	2	211 工程院校
80	黑龙江省	8008	东北农业大学	2	211 工程院校
90	上海市	9001	复旦大学	3	985/211 工程院校
90	上海市	9002	同济大学	3	985/211 工程院校

续表

CT216 毕业学校及单位代码				CT238 院校性质代码	
院校地区代码	院校地区名称	院校代码	院校名称	院校性质代码	院校性质名称
90	上海市	9003	上海交通大学	3	985/211 工程院校
90	上海市	9004	华东理工大学	2	211 工程院校
90	上海市	9005	东华大学	2	211 工程院校
90	上海市	9006	华东师范大学	3	985/211 工程院校
90	上海市	9007	上海外国语大学	2	211 工程院校
90	上海市	9008	上海财经大学	2	211 工程院校
90	上海市	9009	上海大学	2	211 工程院校
A0	江苏省	A001	南京大学	3	985/211 工程院校
A0	江苏省	A002	东南大学	3	985/211 工程院校
A0	江苏省	A003	中国矿业大学	2	211 工程院校
A0	江苏省	A004	河海大学	2	211 工程院校
A0	江苏省	A005	江南大学	2	211 工程院校
A0	江苏省	A006	南京农业大学	2	211 工程院校
A0	江苏省	A007	中国药科大学	2	211 工程院校
A0	江苏省	A008	南京理工大学	2	211 工程院校
A0	江苏省	A009	南京航空航天大学	2	211 工程院校
A0	江苏省	A010	苏州大学	2	211 工程院校
A0	江苏省	A019	南京师范大学	2	211 工程院校
B0	浙江省	B001	浙江大学	3	985/211 工程院校
C0	安徽省	C001	合肥工业大学	2	211 工程院校
C0	安徽省	C002	中国科学技术大学	3	985/211 工程院校
C0	安徽省	C003	安徽大学	2	211 工程院校
D0	福建省	D001	厦门大学	3	985/211 工程院校
D0	福建省	D005	福州大学	2	211 工程院校
E0	江西省	E001	南昌大学	2	211 工程院校
F0	山东省	F001	山东大学	3	985/211 工程院校
F0	山东省	F002	中国海洋大学	3	985/211 工程院校
F0	山东省	F998	中国石油大学(华东)	2	211 工程院校
G0	河南省	G001	郑州大学	2	211 工程院校
H0	湖北省	H001	武汉大学	3	985/211 工程院校
H0	湖北省	H002	中南财经政法大学	2	211 工程院校
H0	湖北省	H003	华中科技大学	3	985/211 工程院校
H0	湖北省	H004	武汉理工大学	2	211 工程院校
H0	湖北省	H005	中国地质大学(武汉)	2	211 工程院校

续表

CT216 毕业学校及单位代码				CT238 院校性质代码	
院校地区代码	院校地区名称	院校代码	院校名称	院校性质代码	院校性质名称
H0	湖北省	H006	华中农业大学	2	211 工程院校
H0	湖北省	H007	华中师范大学	2	211 工程院校
I0	湖南省	I001	中南大学	3	985/211 工程院校
I0	湖南省	I002	湖南大学	3	985/211 工程院校
I0	湖南省	I005	国防科技大学	3	985/211 工程院校
I0	湖南省	I012	湖南师范大学	2	211 工程院校
J0	广东省	J001	中山大学	3	985/211 工程院校
J0	广东省	J002	华南理工大学	3	985/211 工程院校
J0	广东省	J003	暨南大学	2	211 工程院校
J0	广东省	J012	华南师范大学	2	211 工程院校
K0	广西壮族自治区	K001	广西大学	2	211 工程院校
L0	海南省	L001	海南大学	2	211 工程院校
L1	重庆市	L101	重庆大学	3	985/211 工程院校
L1	重庆市	L102	西南大学	2	211 工程院校
M0	四川省	M001	四川大学	3	985/211 工程院校
M0	四川省	M002	西南交通大学	2	211 工程院校
M0	四川省	M003	电子科技大学	3	985/211 工程院校
M0	四川省	M004	西南财经大学	2	211 工程院校
M0	四川省	M009	四川农业大学	2	211 工程院校
N0	贵州省	N001	贵州大学	2	211 工程院校
O0	云南省	O001	云南大学	2	211 工程院校
O1	西藏自治区	O101	西藏大学	2	211 工程院校
P0	陕西省	P001	西安交通大学	3	985/211 工程院校
P0	陕西省	P002	长安大学	2	211 工程院校
P0	陕西省	P003	西安电子科技大学	2	211 工程院校
P0	陕西省	P004	西北农林科技大学	3	985/211 工程院校
P0	陕西省	P005	陕西师范大学	2	211 工程院校
P0	陕西省	P006	西北工业大学	3	985/211 工程院校
P0	陕西省	P007	西北大学	2	211 工程院校
Q0	甘肃省	Q001	兰州大学	3	985/211 工程院校
R0	青海省	R001	青海大学	2	211 工程院校
R1	宁夏回族自治区	R122	宁夏大学	2	211 工程院校
S0	新疆维吾尔自治区	S001	新疆大学	2	211 工程院校
S0	新疆维吾尔自治区	S002	石河子大学	2	211 工程院校

续表

CT216 毕业学校及单位代码				CT238 院校性质代码	
院校地区代码	院校地区名称	院校代码	院校名称	院校性质代码	院校性质名称
V0	军事院校	V195	第二军医大学	2	211 工程院校
V0	军事院校	V205	第四军医大学	2	211 工程院校

2.3.3　专业技术资格名称与等级对应关系

CT313 专业技术资格名称代码				CT312 专业技术资格等级代码	
资格分类代码	资格分类名称	资格名称代码	资格名称名称	资格等级代码	资格等级名称
01	工程技术人员	011	教授级高级工程师	1	正高级
01	工程技术人员	012	高级工程师	2	副高级
01	工程技术人员	013	工程师	3	中级
01	工程技术人员	014	助理工程师	4	助理级
01	工程技术人员	015	技术员	5	员级
02	经济专业人员	021	教授级高级经济师	1	正高级
02	经济专业人员	022	高级经济师	2	副高级
02	经济专业人员	023	经济师	3	中级
02	经济专业人员	024	助理经济师	4	助理级
02	经济专业人员	025	经济员	5	员级
03	会计人员	031	教授级高级会计师	1	正高级
03	会计人员	032	高级会计师	2	副高级
03	会计人员	033	会计师	3	中级
03	会计人员	034	助理会计师	4	助理级
03	会计人员	035	会计员	5	员级
04	统计人员	041	教授级高级统计师	1	正高级
04	统计人员	042	高级统计师	2	副高级
04	统计人员	043	统计师	3	中级
04	统计人员	044	助理统计师	4	助理级
04	统计人员	045	统计员	5	员级
05	审计人员	051	教授级高级审计师	1	正高级
05	审计人员	052	高级审计师	2	副高级
05	审计人员	053	审计师	3	中级
05	审计人员	054	助理审计师	4	助理级
05	审计人员	055	审计员	5	员级
06	政工人员	061	教授级高级政工师	1	正高级
06	政工人员	062	高级政工师	2	副高级

续表

CT313 专业技术资格名称代码				CT312 专业技术资格等级代码	
资格分类代码	资格分类名称	资格名称代码	资格名称名称	资格等级代码	资格等级名称
06	政工人员	063	政工师	3	中级
06	政工人员	064	助理政工师	4	助理级
06	政工人员	065	政工员	5	员级
07	档案资料人员	071	研究馆员	1	正高级
07	档案资料人员	072	副研究馆员	2	副高级
07	档案资料人员	073	馆员	3	中级
07	档案资料人员	074	助理馆员	4	助理级
07	档案资料人员	075	管理员	5	员级
08	图书人员	081	研究馆员	1	正高级
08	图书人员	082	副研究馆员	2	副高级
08	图书人员	083	馆员	3	中级
08	图书人员	084	助理馆员	4	助理级
08	图书人员	085	管理员	5	员级
09	文博人员	091	研究馆员	1	正高级
09	文博人员	092	副研究馆员	2	副高级
09	文博人员	093	馆员	3	中级
09	文博人员	094	助理馆员	4	助理级
09	文博人员	095	管理员	5	员级
10	群众文化专业人员	101	研究馆员（群众文化）	1	正高级
10	群众文化专业人员	102	副研究馆员（群众文化）	2	副高级
10	群众文化专业人员	103	馆员（群众文化）	3	中级
10	群众文化专业人员	104	助理馆员（群众文化）	4	助理级
10	群众文化专业人员	105	管理员（群众文化）	5	员级
11	卫生技术人员（医疗）	111	主任医师	1	正高级
11	卫生技术人员（医疗）	112	副主任医师	2	副高级
11	卫生技术人员（医疗）	113	主治医师	3	中级
11	卫生技术人员（医疗）	114	医师	4	助理级
11	卫生技术人员（医疗）	115	医士	5	员级
12	卫生技术人员（药剂）	121	主任药师	1	正高级
12	卫生技术人员（药剂）	122	副主任药师	2	副高级
12	卫生技术人员（药剂）	123	主管药师	3	中级
12	卫生技术人员（药剂）	124	药师	4	助理级
12	卫生技术人员（药剂）	125	药士	5	员级
13	卫生技术人员（护理）	131	主任护师	1	正高级

续表

CT313 专业技术资格名称代码				CT312 专业技术资格等级代码	
资格分类代码	资格分类名称	资格名称代码	资格名称	资格等级代码	资格等级名称
13	卫生技术人员(护理)	132	副主任护师	2	副高级
13	卫生技术人员(护理)	133	主管护师	3	中级
13	卫生技术人员(护理)	134	护师	4	助理级
13	卫生技术人员(护理)	135	护士	5	员级
14	卫生技术人员(其他)	141	卫生主任技师	1	正高级
14	卫生技术人员(其他)	142	卫生副主任技师	2	副高级
14	卫生技术人员(其他)	143	卫生主管技师	3	中级
14	卫生技术人员(其他)	144	卫生技师	4	助理级
14	卫生技术人员(其他)	145	卫生技士	5	员级
15	农业技术人员(农艺)	151	农业推广研究员	1	正高级
15	农业技术人员(农艺)	152	高级农艺师	2	副高级
15	农业技术人员(农艺)	153	农艺师	3	中级
15	农业技术人员(农艺)	154	助理农艺师	4	助理级
15	农业技术人员(农艺)	155	农业技术员	5	员级
16	农业技术人员(兽医)	161	农业技术推广研究员(兽医)	1	正高级
16	农业技术人员(兽医)	162	高级兽医师	2	副高级
16	农业技术人员(兽医)	163	兽医师	3	中级
16	农业技术人员(兽医)	164	助理兽医师	4	助理级
16	农业技术人员(兽医)	165	兽医技术员	5	员级
17	农业技术人员(畜牧)	171	农业技术推广研究员(畜牧)	1	正高级
17	农业技术人员(畜牧)	172	高级畜牧师	2	副高级
17	农业技术人员(畜牧)	173	畜牧师	3	中级
17	农业技术人员(畜牧)	174	助理畜牧师	4	助理级
17	农业技术人员(畜牧)	175	畜牧技术员	5	员级
18	国际商务	181	高级国际商务师	2	副高级
18	国际商务	182	国际商务师	3	中级
18	国际商务	183	助理国际商务师	4	助理级
19	高等学校教师	191	教授	1	正高级
19	高等学校教师	192	副教授	2	副高级
19	高等学校教师	193	讲师	3	中级
19	高等学校教师	194	助教	4	助理级
20	中等专业学校教师	201	中专高级讲师	2	副高级
20	中等专业学校教师	202	中专讲师	3	中级
20	中等专业学校教师	203	中专助理讲师	4	助理级

续表

CT313 专业技术资格名称代码				CT312 专业技术资格等级代码	
资格分类代码	资格分类名称	资格名称代码	资格名称	资格等级代码	资格等级名称
20	中等专业学校教师	204	中专教员	5	员级
21	技工学校教师(讲师)	211	中技高级讲师	2	副高级
21	技工学校教师(讲师)	212	中技讲师	3	中级
21	技工学校教师(讲师)	213	中技助理讲师	4	助理级
21	技工学校教师(讲师)	214	中技教员	5	员级
22	技工学校教师(实习指导)	221	高级实习指导教师	2	副高级
22	技工学校教师(实习指导)	222	一级实习指导教师	3	中级
22	技工学校教师(实习指导)	223	二级实习指导教师	4	助理级
22	技工学校教师(实习指导)	224	三级实习指导教师	5	员级
23	中学教师	231	中学高级教师	2	副高级
23	中学教师	232	中学一级教师	3	中级
23	中学教师	233	中学二级教师	4	助理级
23	中学教师	234	中学三级教师	5	员级
24	小学教师	241	小学高级教师	3	中级
24	小学教师	242	小学一级教师	4	助理级
24	小学教师	243	小学二级教师	5	员级
24	小学教师	244	小学三级教师	5	员级
25	实验人员	251	高级实验师	2	副高级
25	实验人员	252	实验师	3	中级
25	实验人员	253	助理实验师	4	助理级
25	实验人员	254	实验员	5	员级
26	出版专业人员(编审)	261	编审	1	正高级
26	出版专业人员(编审)	262	副编审	2	副高级
26	出版专业人员(编审)	263	编辑	3	中级
26	出版专业人员(编审)	264	助理编辑	4	助理级
27	出版专业人员(编辑)	271	技术编辑	3	中级
27	出版专业人员(编辑)	272	助理技术编辑	4	助理级
27	出版专业人员(编辑)	273	技术设计员	5	员级
28	出版专业人员(校对)	281	一级校对	3	中级
28	出版专业人员(校对)	282	二级校对	4	助理级
28	出版专业人员(校对)	283	三级校对	5	员级
29	翻译人员	291	译审	1	正高级
29	翻译人员	292	副译审	2	副高级
29	翻译人员	293	翻译	3	中级

续表

CT313 专业技术资格名称代码				CT312 专业技术资格等级代码	
资格分类代码	资格分类名称	资格名称代码	资格名称名称	资格等级代码	资格等级名称
29	翻译人员	294	助理翻译	4	助理级
30	新闻专业人员(记者)	301	高级记者	1	正高级
30	新闻专业人员(记者)	302	主任记者	2	副高级
30	新闻专业人员(记者)	303	记者	3	中级
30	新闻专业人员(记者)	304	助理记者	4	助理级
31	新闻专业人员(编辑)	311	新闻高级编辑	1	正高级
31	新闻专业人员(编辑)	312	新闻主任编辑	2	副高级
31	新闻专业人员(编辑)	313	新闻编辑	3	中级
31	新闻专业人员(编辑)	314	新闻助理编辑	4	助理级
32	播音员	321	播音指导	1	正高级
32	播音员	322	主任播音员	2	副高级
32	播音员	323	一级播音员	3	中级
32	播音员	324	二级播音员	4	助理级
32	播音员	325	三级播音员	5	员级
33	工艺美术人员	331	高级工艺美术师	2	副高级
33	工艺美术人员	332	工艺美术师	3	中级
33	工艺美术人员	333	助理工艺美术师	4	助理级
33	工艺美术人员	334	工艺美术员	5	员级
34	艺术人员(演员)	341	一级演员	1	正高级
34	艺术人员(演员)	342	二级演员	2	副高级
34	艺术人员(演员)	343	三级演员	3	中级
34	艺术人员(演员)	344	四级演员	4	助理级
35	艺术人员(演奏员)	351	一级演奏员	1	正高级
35	艺术人员(演奏员)	352	二级演奏员	2	副高级
35	艺术人员(演奏员)	353	三级演奏员	3	中级
35	艺术人员(演奏员)	354	四级演奏员	4	助理级
36	艺术人员(编剧)	361	一级编剧	1	正高级
36	艺术人员(编剧)	362	二级编剧	2	副高级
36	艺术人员(编剧)	363	三级编剧	3	中级
36	艺术人员(编剧)	364	四级编剧	4	助理级
37	艺术人员(导演)	371	一级导演	1	正高级
37	艺术人员(导演)	372	二级导演	2	副高级
37	艺术人员(导演)	373	三级导演	3	中级
37	艺术人员(导演)	374	四级导演	4	助理级

续表

CT313 专业技术资格名称代码				CT312 专业技术资格等级代码	
资格分类代码	资格分类名称	资格名称代码	资格名称名称	资格等级代码	资格等级名称
38	艺术人员(指挥)	381	一级指挥	1	正高级
38	艺术人员(指挥)	382	二级指挥	2	副高级
38	艺术人员(指挥)	383	三级指挥	3	中级
38	艺术人员(指挥)	384	四级指挥	4	助理级
39	艺术人员(作曲)	391	一级作曲	1	正高级
39	艺术人员(作曲)	392	二级作曲	2	副高级
39	艺术人员(作曲)	393	三级作曲	3	中级
39	艺术人员(作曲)	394	四级作曲	4	助理级
40	艺术人员(美术)	401	一级美术师	1	正高级
40	艺术人员(美术)	402	二级美术师	2	副高级
40	艺术人员(美术)	403	三级美术师	3	中级
40	艺术人员(美术)	404	四级美术师	4	助理级
41	艺术人员(舞美设计)	411	一级舞美设计师	1	正高级
41	艺术人员(舞美设计)	412	二级舞美设计师	2	副高级
41	艺术人员(舞美设计)	413	三级舞美设计师	3	中级
41	艺术人员(舞美设计)	414	四级舞美设计师	4	助理级
42	艺术人员(舞台设计)	421	主任舞台技师	2	副高级
42	艺术人员(舞台设计)	422	舞台技师	3	中级
42	艺术人员(舞台设计)	423	舞台技术员	4	助理级
43	体育教练	431	国家级教练	1	正高级
43	体育教练	432	高级教练	2	副高级
43	体育教练	433	一级教练	3	中级
43	体育教练	434	二级教练	4	助理级
43	体育教练	435	三级教练	5	员级
44	海关专业人员	441	高级关务监督	2	副高级
44	海关专业人员	442	关务监督	3	中级
44	海关专业人员	443	助理关务监督	4	助理级
44	海关专业人员	444	关务员	5	员级
45	律师	451	一级律师	1	正高级
45	律师	452	二级律师	2	副高级
45	律师	453	三级律师	3	中级
45	律师	454	四级律师	4	助理级
45	律师	455	律师助理	5	员级
46	公证员	461	一级公证员	1	正高级

续表

CT313 专业技术资格名称代码				CT312 专业技术资格等级代码	
资格分类代码	资格分类名称	资格名称代码	资格名称名称	资格等级代码	资格等级名称
46	公证员	462	二级公证员	2	副高级
46	公证员	463	三级公证员	3	中级
46	公证员	464	四级公证员	4	助理级
46	公证员	465	公证员助理	5	员级
47	船舶技术人员(驾驶)	471	高级船长	2	副高级
47	船舶技术人员(驾驶)	472	船长(大副)	3	中级
47	船舶技术人员(驾驶)	473	二副	4	助理级
47	船舶技术人员(驾驶)	474	三副	5	员级
48	船舶技术人员(轮机)	481	高级轮机长	2	副高级
48	船舶技术人员(轮机)	482	轮机长(大管轮)	3	中级
48	船舶技术人员(轮机)	483	二管轮	4	助理级
48	船舶技术人员(轮机)	484	三管轮	5	员级
49	船舶技术人员(电机)	491	高级电机员	2	副高级
49	船舶技术人员(电机)	492	通用电机员(一等电机员)	3	中级
49	船舶技术人员(电机)	493	二等电机员	4	助理级
50	船舶技术人员(报务)	501	高级报务员	2	副高级
50	船舶技术人员(报务)	502	通用报务员(一等报务员)	3	中级
50	船舶技术人员(报务)	503	二等报务员	4	助理级
50	船舶技术人员(报务)	504	限用报务员	5	员级
51	船舶技术人员(引航)	511	高级引航员	2	副高级
51	船舶技术人员(引航)	512	一、二级引航员	3	中级
51	船舶技术人员(引航)	513	三、四级引航员	4	助理级
52	民航飞行技术人员(驾驶)	521	一级飞行员	2	副高级
52	民航飞行技术人员(驾驶)	522	二级飞行员	3	中级
52	民航飞行技术人员(驾驶)	523	三级飞行员	4	助理级
52	民航飞行技术人员(驾驶)	524	四级飞行员	5	员级
53	民航飞行技术人员(领航)	531	一级领航员	2	副高级
53	民航飞行技术人员(领航)	532	二级领航员	3	中级
53	民航飞行技术人员(领航)	533	三级领航员	4	助理级
53	民航飞行技术人员(领航)	534	四级领航员	5	员级
54	民航飞行技术人员(通信)	541	一级飞行通信员	2	副高级
54	民航飞行技术人员(通信)	542	二级飞行通信员	3	中级
54	民航飞行技术人员(通信)	543	三级飞行通信员	4	助理级
54	民航飞行技术人员(通信)	544	四级飞行通信员	5	员级

续表

CT313 专业技术资格名称代码				CT312 专业技术资格等级代码	
资格分类代码	资格分类名称	资格名称代码	资格名称	资格等级代码	资格等级名称
55	民航飞行技术人员(机械)	551	一级飞行机械员	2	副高级
55	民航飞行技术人员(机械)	552	二级飞行机械员	3	中级
55	民航飞行技术人员(机械)	553	三级飞行机械员	4	助理级
55	民航飞行技术人员(机械)	554	四级飞行机械员	5	员级
56	自然科学研究人员	561	研究员(自然科学)	1	正高级
56	自然科学研究人员	562	副研究员(自然科学)	2	副高级
56	自然科学研究人员	563	助理研究员(自然科学)	3	中级
56	自然科学研究人员	564	研究实习员(自然科学)	4	助理级
57	社会科学研究人员	571	研究员(社会科学)	1	正高级
57	社会科学研究人员	572	副研究员(社会科学)	2	副高级
57	社会科学研究人员	573	助理研究员(社会科学)	3	中级
57	社会科学研究人员	574	研究实习员(社会科学)	4	助理级

2.3.4 高级技师评审中职业(工种)与申报专业组对应关系

CT321 职业(工种)代码				CT346 高级技师评审申报专业组代码	
职业(工种)类别代码	职业(工种)类别名称	职业(工种)代码	职业(工种)名称	评审专业组代码	评审专业组名称
01	物探	01001	可控震源操作工	10	石油探勘开发
01	物探	01005	石油地震勘探工	10	石油探勘开发
01	物探	01040	石油物探测量工	10	石油探勘开发
02	钻井	02015	石油钻井工	20	石油工程
02	钻井	02020	钻井液工	20	石油工程
02	钻井	02025	钻井地质工	20	石油工程
02	钻井	02030	钻井柴油机工	20	石油工程
03	测井	03001	综合录井工	20	石油工程
03	测井	03005	测井工	20	石油工程
03	测井	03010	射孔取芯工	20	石油工程
03	测井	03015	气测工	20	石油工程
03	测井	03020	地层测试工	20	石油工程
03	测井	03025	采油测试工	20	石油工程
03	测井	03030	采气测试工	20	石油工程
03	测井	03035	测井绘解工	20	石油工程

续表

CT321 职业(工种)代码				CT346 高级技师评审申报专业组代码	
职业(工种)类别代码	职业(工种)类别名称	职业(工种)代码	职业(工种)名称	评审专业组代码	评审专业组名称
04	采油采气	04001	采油工	10	石油探勘开发
04	采油采气	04005	采油地质工	10	石油探勘开发
04	采油采气	04030	热注运行工	10	石油探勘开发
04	采油采气	04035	采气工	10	石油探勘开发
05	集输	05001	集输工	10	石油探勘开发
05	集输	05010	输油工	10	石油探勘开发
05	集输	05015	综合计量工	10	石油探勘开发
05	集输	05020	输气工	10	石油探勘开发
06	井下作业	06001	井下作业工	10	石油探勘开发
06	井下作业	06005	作业机司机	10	石油探勘开发
06	井下作业	06010	井下作业工具工	10	石油探勘开发
06	井下作业	06025	潜油电泵作业工	10	石油探勘开发
07	天然气加工	07001	轻烃装置操作工	10	石油探勘开发
07	天然气加工	07005	天然气净化分析工	10	石油探勘开发
07	天然气加工	07010	天然气净化操作工	10	石油探勘开发
08	炼油	08001	常减压蒸馏装置操作工	30	炼油
08	炼油	08005	催化裂化装置操作工	30	炼油
08	炼油	08010	蜡油渣油加氢装置操作工	30	炼油
08	炼油	08020	延迟焦化装置操作工	30	炼油
08	炼油	08025	加氢裂化装置操作工	30	炼油
08	炼油	08030	催化重整装置操作工	30	炼油
08	炼油	08035	汽(煤、柴)油加氢装置操作工	30	炼油
08	炼油	08045	制氢装置操作工	30	炼油
08	炼油	08075	溶剂油装置操作工	30	炼油
08	炼油	08085	S-zorb 汽油吸附脱硫装置操作工	30	炼油
08	炼油	08090	尿素脱蜡装置操作工	30	炼油
08	炼油	08095	分子筛脱蜡装置操作工	30	炼油
08	炼油	08105	酮苯脱蜡装置操作工	30	炼油
08	炼油	08115	润滑脂装置操作工	30	炼油
08	炼油	08120	润滑油加氢装置操作工	30	炼油
08	炼油	08130	临氢降凝装置操作工	30	炼油
08	炼油	08140	白油装置操作工	30	炼油

续表

CT321 职业(工种)代码				CT346 高级技师评审申报专业组代码	
职业(工种)类别代码	职业(工种)类别名称	职业(工种)代码	职业(工种)名称	评审专业组代码	评审专业组名称
08	炼油	08145	脱蜡装置操作工	30	炼油
08	炼油	08150	异构脱蜡装置操作工	30	炼油
08	炼油	08160	溶剂精制装置操作工	30	炼油
08	炼油	08165	合成油脂装置操作工	30	炼油
09	化工	09020	制冷工	40	化工
09	化工	09060	硝酸生产工	40	化工
09	化工	09065	氢氧化钠(钾)生产工	40	化工
09	化工	09070	无机反应工	40	化工
09	化工	09080	硫氰酸钠装置操作工	40	化工
09	化工	09105	乙烯装置操作工	40	化工
09	化工	09110	丁二烯装置操作工	40	化工
09	化工	09115	异丁烯装置操作工	40	化工
09	化工	09120	乙炔装置操作工(天然气法)	40	化工
09	化工	09125	裂解汽油加氢装置操作工	40	化工
09	化工	09140	干气制乙苯装置操作工	40	化工
09	化工	09145	二甲苯装置操作工	40	化工
09	化工	09160	制苯装置操作工	40	化工
09	化工	09165	苯乙烯装置操作工	40	化工
09	化工	09170	醋酸装置操作工	40	化工
09	化工	09175	丁辛醇装置操作工	40	化工
09	化工	09180	乙醛装置操作工	40	化工
09	化工	09185	甲基叔丁基醚/丁烯-1 装置操作工	40	化工
09	化工	09190	苯胺装置操作工	40	化工
09	化工	09195	硝基苯装置操作工	40	化工
09	化工	09200	甲醛装置操作工	40	化工
09	化工	09205	苯酚丙酮装置操作工	40	化工
09	化工	09210	丙酮氰醇装置操作工	40	化工
09	化工	09215	醇酮装置操作工	40	化工
09	化工	09220	环氧乙烷/乙二醇装置操作工	40	化工
09	化工	09225	氯乙烯装置操作工	40	化工
09	化工	09230	丙烯腈装置操作工	40	化工
09	化工	09235	己二胺装置操作工	40	化工

续表

CT321职业(工种)代码				CT346高级技师评审申报专业组代码	
职业(工种)类别代码	职业(工种)类别名称	职业(工种)代码	职业(工种)名称	评审专业组代码	评审专业组名称
09	化工	09245	己二酸装置操作工	40	化工
09	化工	09255	丙烯酰胺装置操作工	40	化工
09	化工	09260	脂肪醇装置操作工	40	化工
09	化工	09270	甲醇装置操作工	40	化工
09	化工	09275	甲乙酮装置操作工	40	化工
09	化工	09280	异丙醚装置操作工	40	化工
09	化工	09285	异丙醇装置操作工	40	化工
09	化工	09290	苯酐装置操作工	40	化工
09	化工	09295	对苯二甲酸二甲酯装置操作工	40	化工
09	化工	09300	精对苯二甲酸装置操作工	40	化工
09	化工	09320	烷基苯装置操作工	40	化工
09	化工	09325	醋酸乙烯装置操作工	40	化工
09	化工	09330	己内酰胺装置操作工	40	化工
09	化工	09335	羟胺肟化装置操作工	40	化工
09	化工	09340	氯丙烯装置操作工	40	化工
09	化工	09345	氯化苯装置操作工	40	化工
09	化工	09350	间苯二酚装置操作工	40	化工
09	化工	09355	顺酐装置操作工	40	化工
09	化工	09360	丙烯酸及酯装置操作工	40	化工
09	化工	09370	弛放气装置操作工	40	化工
09	化工	09380	环氧丙烷装置操作工	40	化工
09	化工	09385	聚醚装置操作工	40	化工
09	化工	09390	过氧化二异丙苯(DCP)装置操作工	40	化工
09	化工	09395	环氧氯丙烷装置操作工	40	化工
09	化工	09400	环己酮装置操作工	40	化工
09	化工	09405	聚乙烯装置操作工	40	化工
09	化工	09415	聚丙烯装置操作工	40	化工
09	化工	09420	聚苯乙烯装置操作工	40	化工
09	化工	09425	聚丁二烯装置操作工	40	化工
09	化工	09430	聚氯乙烯装置操作工	40	化工
09	化工	09435	酚醛树脂装置操作工	40	化工
09	化工	09440	环氧树脂装置操作工	40	化工

续表

CT321 职业（工种）代码				CT346 高级技师评审申报专业组代码	
职业（工种）类别代码	职业（工种）类别名称	职业（工种）代码	职业（工种）名称	评审专业组代码	评审专业组名称
09	化工	09445	ABS 装置操作工	40	化工
09	化工	09450	聚丙烯酰胺装置操作工	40	化工
09	化工	09455	SAN 装置操作工	40	化工
09	化工	09460	三聚氰胺装置操作工	40	化工
09	化工	09465	MFR 装置操作工	40	化工
09	化工	09470	碳五加氢石油树脂装置操作工	40	化工
09	化工	09480	顺丁橡胶装置操作工	40	化工
09	化工	09485	乙丙橡胶装置操作工	40	化工
09	化工	09490	丁腈橡胶装置操作工	40	化工
09	化工	09495	丁苯橡胶装置操作工	40	化工
09	化工	09500	丁苯胶乳装置操作工	40	化工
09	化工	09510	丁基橡胶装置操作工	40	化工
09	化工	09515	SBS 橡胶装置操作工	40	化工
09	化工	09520	有机合成工	40	化工
09	化工	09525	精细化工装置操作工	40	化工
09	化工	09545	乙烯-醋酸乙烯共聚乳液装置操作工（VAE）	40	化工
10	化纤	10001	聚乙烯醇制造工	40	化工
10	化纤	10005	腈纶聚合操作工	40	化工
10	化纤	10015	涤纶乙二醇回收操作工	40	化工
10	化纤	10020	锦纶聚合操作工	40	化工
10	化纤	10025	丙纶聚合操作工	40	化工
10	化纤	10030	尼龙 66 盐装置操作工	40	化工
10	化纤	10035	聚酯装置操作工	40	化工
10	化纤	10040	聚酯增黏装置操作工	40	化工
10	化纤	10045	聚酰胺装置操作工	40	化工
10	化纤	10050	维纶原液制备工	40	化工
10	化纤	10055	涤纶短纤维纺丝工	40	化工
10	化纤	10060	涤纶长纤维纺丝工	40	化工
10	化纤	10065	腈纶纺丝操作工	40	化工
10	化纤	10070	锦纶长纤维纺丝工	40	化工
10	化纤	10075	丙纶纺丝操作工	40	化工
10	化纤	10080	维纶纺丝工	40	化工

续表

CT321 职业(工种)代码				CT346 高级技师评审申报专业组代码	
职业(工种)类别代码	职业(工种)类别名称	职业(工种)代码	职业(工种)名称	评审专业组代码	评审专业组名称
11	化肥	11001	合成氨装置操作工	40	化工
11	化肥	11005	尿素装置操作工	40	化工
11	化肥	11010	复合肥装置操作工	40	化工
11	化肥	11015	煤造气装置操作工	40	化工
12	催化剂与添加剂	12001	催化剂制造工	40	化工
12	催化剂与添加剂	12005	催化剂试验工	40	化工
12	催化剂与添加剂	12010	化工添加剂制造工	40	化工
13	工程施工	13010	电焊工	60	工程建设
13	工程施工	13015	气焊工	60	工程建设
13	工程施工	13020	自动焊接工	60	工程建设
13	工程施工	13025	石油金属结构制作工	60	工程建设
13	工程施工	13095	工程设备安装工	60	工程建设
13	工程施工	13100	工程电气设备安装调试工	60	工程建设
13	工程施工	13105	管工	60	工程建设
13	工程施工	13110	油气管线安装工	60	工程建设
13	工程施工	13135	安装起重工	60	工程建设
15	机械制造	15020	钢管防腐工	60	工程建设
15	机械制造	15045	卷管成型工	60	工程建设
15	机械制造	15050	埋弧焊管自动焊工	60	工程建设
15	机械制造	15100	车工	60	工程建设
15	机械制造	15105	数控车床工	60	工程建设
15	机械制造	15110	铣工	60	工程建设
15	机械制造	15125	磨工	60	工程建设
15	机械制造	15140	镗工	60	工程建设
15	机械制造	15165	加工中心操作工	60	工程建设
15	机械制造	15170	制齿工	60	工程建设
15	机械制造	15195	铸造工	60	工程建设
15	机械制造	15210	锻造工	60	工程建设
15	机械制造	15220	热处理工	60	工程建设
15	机械制造	15225	钣金工	60	工程建设
15	机械制造	15280	钳工	60	工程建设
15	机械制造	15335	潜油电泵组装检修工	60	工程建设

续表

CT321 职业(工种)代码				CT346 高级技师评审申报专业组代码	
职业(工种)类别代码	职业(工种)类别名称	职业(工种)代码	职业(工种)名称	评审专业组代码	评审专业组名称
16	机械修理	16005	机修钳工	60	工程建设
16	机械修理	16025	工程机械修理工	60	工程建设
16	机械修理	16030	机泵维修钳工	60	工程建设
16	机械修理	16045	石油钻机修理工	60	工程建设
16	机械修理	16055	注输泵修理工	60	工程建设
16	机械修理	16075	可控震源修理工	60	工程建设
16	机械修理	16105	柴油机修理工	60	工程建设
17	仪器仪表安装修理	17005	仪表安装工	60	工程建设
17	仪器仪表安装修理	17020	热工自动化设备检修工	60	工程建设
17	仪器仪表安装修理	17035	采输气仪表工	60	工程建设
17	仪器仪表安装修理	17050	地震仪器修理工	60	工程建设
17	仪器仪表安装修理	17065	仪表维修工	60	工程建设
17	仪器仪表安装修理	17070	分析仪器维修工	60	工程建设
17	仪器仪表安装修理	17080	测井仪修工	60	工程建设
18	发电	18005	锅炉运行值班员	60	工程建设
18	发电	18020	汽轮机运行值班员	60	工程建设
18	发电	18035	电气值班员	60	工程建设
18	发电	18040	集控值班员	60	工程建设
18	发电	18055	锅炉本体检修工	60	工程建设
19	供电	19030	配电线路工	60	工程建设
19	供电	19035	变电站值班员	60	工程建设
19	供电	19040	电机检修工	60	工程建设
19	供电	19045	变压器检修工	60	工程建设
19	供电	19050	变电检修工	60	工程建设
19	供电	19055	电气试验工	60	工程建设
19	供电	19065	继电保护工	60	工程建设
19	供电	19080	电工	60	工程建设
19	供电	19085	维修电工	60	工程建设
22	交通运输	22010	汽车修理工	60	工程建设
23	科研与分析化验	23001	石油化工科研实验工	30	炼油
23	科研与分析化验	23005	化工分析工	30	炼油
23	科研与分析化验	23025	油品分析工	30	炼油

续表

CT321职业(工种)代码				CT346高级技师评审申报专业组代码	
职业(工种)类别代码	职业(工种)类别名称	职业(工种)代码	职业(工种)名称	评审专业组代码	评审专业组名称
23	科研与分析化验	23050	岩性分析实验工	30	炼油
24	物资供销	24010	加油站操作员	50	油品销售
25	环境保护	25010	污水处理工	30	炼油
26	技术监督	26010	工业化学分析工	30	炼油
26	技术监督	26040	无损探伤工	60	工程建设

第3章 信息集成应用

坚持集团公司信息化“集中集成、创新提升、共享服务、协同智能”工作方针，合理有度、科学规范、安全保密开展HR系统信息集成应用，最大限度发挥人力资源信息在企业管理中的作用。

总部统一建设的信息系统与HR系统集成应用的，须经信息部门、人事部门审批同意；企业自行开发的信息系统原则上不允许与HR系统集成，确需集成人事信息的，须向总部人事部门提出书面申请。从HR系统集成的信息仅作为其他系统正常运行的辅助信息，不能作为信息统计或对外信息披露的依据。在信息集成共享应用中，按照“谁使用、谁负责”的原则，严格信息查询及应用权限管理，确保人力资源信息应用安全。

3.1 信息标准化管理系统

信息标准化管理系统是集团公司各信息系统的信息代码从编制到应用维护的全过程管控而搭建的管理平台。机构编码是集团公司各信息系统应用和集成的基础。

1. 集成内容

在HR系统设立机构时，须在信息标准化管理系统中申请组织机构编码，信息标准化管理系统将新设立组织机构的基本信息集成到HR系统，信息范围包括：

序号	信息类别	信息项	备注
1	对象(组织机构)	机构编码	
2		单位全称	
3		单位简称	
4	关系(组织机构)	隶属直属单位	
5		隶属上级单位	
6	组织机构分类属性	集团/股份标识	
7		机构层次	
8	注册登记信息	虚机构标识	
9	领导班子信息	领导班子管理层级	
10	通讯地址	邮政编码	
11		通讯地址	
12		联系电话	

HR系统中机构调整、撤销、信息修改等信息集成到信息标准化管理系统，信息范围包括：

序号	信息类别	信息项	备注
1	对象(组织机构)	单位全称	
2		单位简称	
3	关系(组织机构)	人事隶属直属单位	
4		人事隶属上级单位	
5	组织机构分类属性	机构层次	
6	注册登记信息	虚机构标识	
7	领导班子信息	领导班子管理层级	
8	通讯地址	联系电话	

2. 集成方式

信息标准化管理系统实时将设立机构的信息集成到 HR 系统；HR 系统定期将机构的变动信息集成到信息标准化管理系统。申请机构编码参照信息标准化管理系统《内部单位操作手册》。信息标准化管理系统网址：http：//infostd. sinopec. com。

3. 常见问题及解决方法

在信息标准化管理系统申请机构编码生效后，在 HR 系统设立机构时提示“未查询到机构信息”应如何处理。

在信息标准化管理系统中申请机构编码时，未维护该机构的“人事视图”信息。需补充维护“人事视图”信息，审批生效后，待机构编码分发后，即可在 HR 系统进行机构设立。

3.2 用户统一身份管理系统

中国石化用户统一身份管理系统是集团公司为实现在不同应用系统使用的统一用户账号，是为保障用户身份信息安全和账号安全，建立的集中用户身份管理系统。

1. 集成内容

HR 系统将当前有效的机构、岗位及人员(离退休人员、减册人员、系统外人员除外)的必要信息集成到用户统一身份管理系统中，信息范围包括：

(1) 组织机构类

序号	信息类别	信息项	备注
1	对象(组织机构)	机构编码	
2		开始日期	
3		结束日期	
4		单位简称	
5		单位全称	
6		撤销日期	
7	关系(组织机构)	机构编码	
8		开始日期	
9		结束日期	
10		关系规格	

续表

序号	信息类别	信息项	备注
11	关系(组织机构)	对象间的关系	
12		相关对象的标识	
13		机构排序码	
14	组织机构分类属性	机构编码	
15		开始日期	
16		结束日期	
17		机构层次	
18		单位级别	
19		单位业务类别	
20		集团/股份标识	
21	通讯地址	机构编码	
22		开始日期	
23		结束日期	
24		通讯地址	
25		邮政编码	
26	机构演变信息	机构编码	
27		开始日期	
28		结束日期	
29		变动方式	
30		撤销日期	
31	成建制划转申请	机构编码	
32		子信息类型	
33		开始日期	
34		结束日期	
35		成建制划转类型	
36		人事范围	
37		人事子范围	
38		备注	
39		划入单位	

（2）岗位类

序号	信息类别	信息项	备注
1	对象(岗位)	开始日期	
2		结束日期	
3		简称	
4		全称	

续表

序号	信息类别	信息项	备注
5	关系(岗位)	岗位编码	
6		开始日期	
7		结束日期	
8		关系规格	
9		对象间的关系	
10		相关对象的标识	
11		岗位排序码	

（3）人员类

序号	信息类别	信息项	备注
1	人员基本信息	人员编号	
2		开始日期	
3		结束日期	
4		姓名	
5		姓名简拼	
6		性别代码	
7		出生日期	
8		国籍	
9		民族	
10	组织分配及岗位聘任	人员编号	
11		开始日期	
12		结束日期	
13		人事范围	
14		人员组	
15		人员子组	
16		人事子范围	
17		组织机构	
18		职务(岗位)具体名称	
19	关系(人员)	人员编号	
20		开始日期	
21		结束日期	
22		百分比	
23	人事事件	人员编号	
24		开始日期	
25		结束日期	
26		事件类型	
27		事件原因	

续表

序号	信息类别	信息项	备注
28	人事事件	岗位状态	
29		雇佣状态	
30	证件信息	人员编号	
31		开始日期	
32		结束日期	
33		证件类型	
34		证件编号	
35	通讯信息	人员编号	
36		开始日期	
37		结束日期	
38		子类型	
39		通讯类型	
40		标识号	
41	岗位聘任补充信息	人员编号	
42		开始日期	
43		结束日期	
44		职位序列	
45		职位层次	
46		职位级别	
47		职位名称	
48	行政党派职务	人员编号	
49		开始日期	
50		结束日期	
51		主次职务	
52		领导人员管理层级	
53		职务类别大类	
54		职务类别	
55		职务名称	
56		职务级别	
57		现任职务全称	
58	兼任职务信息	人员编号	
59		开始日期	
60		结束日期	
61		兼职类型	
62		兼任职务单位	
63		兼任职务名称	

续表

序号	信息类别	信息项	备注
64	兼任职务信息	兼任职务类别	
65		兼任职务类别名称	
66	借调人员信息	人员编号	
67		开始日期	
68		结束日期	
69		原单位人员编号	

2. 集成方式

HR 系统向用户统一身份管理系统每日集成一次增量数据，每月集成一次全量数据。

3.3 财务系统

财务系统泛指 ERP 系统财务模块、会计集中核算系统等。HR 系统将薪酬结果过账到财务系统，财务系统将部分人工成本数据集成到 HR 系统。

1. 薪酬过账

为保证人事与财务口径薪酬数据的统一性和完整性，将 HR 系统各类人员的薪酬数据按月集成到财务系统，并自动生成相关财务凭证。其中，已实施 ERP 大集中的单位，通过总部统一工资项与总部统一财务科目对应的方式过账(企业工资项须与总部统一工资项建立对应关系)；未实施 ERP 大集中的单位，通过企业工资项与企业财务科目对应的方式过账。

(1) 集成内容

HR 系统薪酬过账的方式有两种：薪酬明细过账和单位记录总数过账。

薪酬明细过账：各类人员薪酬在 HR 系统计发后，生成 HR 凭证，集成到财务系统生成会计凭证。

单位记录总数过账：对于纳入薪酬管理又无法记录到个人明细的数据，在 HR 系统按机构记录总数，根据统计项目与财务科目对应关系等生成 HR 凭证，集成到财务系统生成会计凭证。

(2) 集成方式

薪酬明细过账采用 SAP 软件标准功能，在完成工资计发后，将薪酬发放结果过账到财务系统。过账操作参照《考勤及薪酬保险管理》分册第 8 章 8. 12 过账到财务。

单位记录总数过账是在 SAP 软件基础上进行的客户化开发，将记录在机构上的薪酬总数，按照单位记录总数统计项目与财务科目的对应关系，过账到财务系统生成会计凭证。过账操作参照《考勤及薪酬保险管理》分册第 13 章单位用工及薪酬记录总数。

2. 人工成本数据集成

(1) 集成内容

人工成本其他费用，如福利费、教育经费、工会经费、成本费用总额、营业收入、企业增加值等，定期从 ERP 财务系统和会计集中核算系统集成到 HR 系统中。

(2) 集成方式

ERP 财务系统和会计集中核算系统每月完成人工成本报表数据汇总后，由 HR 系统综合应用平台抽取其他人工成本数据。集成操作参照《考勤及薪酬保险管理》分册第5章5.2人工成本实际发生额。

(3) 常见问题及解决方法

① 人工成本数据集成的前提条件是什么?

一是向HR系统运维部门申请,建立HR系统综合应用平台与ERP财务系统或会计集中核算系统的连接;二是维护人工成本实际额来源(事务代码ZHRPY388)。此外,通过下级单位汇总方式生成相关数据的,须维护人工成本管控关系。

② 人工成本实际额来源如何设置?

原则上要求人数、实际发放的工资从HR系统取数,人工成本其他费用从财务系统取数,具体操作参照《考勤及薪酬保险管理》分册第5章5.2.2人工成本实际额来源。

3.4 人才招聘网站

中国石化人才招聘网站是集团公司为进一步加强高校毕业生引进管理工作,优化社会成熟人才引进渠道,推进人才资源统筹配置而搭建的集团公司统一的人才流动配置平台。人才招聘网站集招聘需求发布、在线应聘、甄选面试、录用审核、查询分析等招聘过程管理流程为一体,主要包括校园招聘、社会招聘、内部统筹配置模块。

1. 校园招聘

(1) 集成内容

由人才招聘网站同步到HR系统的信息范围包括:

序号	信息类别	信息项	备注
1	人员基本信息	姓名	
2		性别	
3		出生日期	
4		国籍	
5		出生地	省、地、市
6		户口所在地	
7		民族	
8		健康状况	
9		婚姻状况	
10		单位编码	直属单位机构编码
11	政治面貌信息	政治面貌	
12		入党时间	
13	证件信息	证件类型	身份证
14		证件编号	
15	通讯信息	移动电话	
16		固定电话	
17		电子邮件	

续表

序号	信息类别	信息项	备注
18	地址信息	常住地址	
19	学历及学位信息	开始日期	毕业日期
20		结束日期	
21		毕业学校及单位	
22		学历	
23		所学专业	
24		学位	
25		学制	
26		从学方式	
27		从学单位国别	
28		最高学历标识	
29		最高学位标识	
30	语言能力	开始日期	
31		结束日期	
32		语种	
33		成绩	
34		外语考试种类及等级大类	
35		外语考试种类及等级	
36		考试时间	
37	论文论著	开始日期	
38		结束日期	
39		刊物名称及期次	
40		论文、论著名称	
41		刊号、书号	
42		刊物、论著出版机构	
43		论文、论著作者身份	
44	专利信息	开始日期	
45		结束日期	
46		专利名称	
47		专利批准国家	
48		专利号	
49		专利类型	
50	家庭成员及社会关系	与本人关系	
51		姓名	
52		出生日期	
53		成员政治面貌	

续表

序号	信息类别	信息项	备注
54	家庭成员及社会关系	成员工作单位及职务	
55		成员文化程度名称	
56		成员文化程度	

(2) 集成方式

高校毕业生报到后，由直属单位将高校毕业生信息由人才招聘网站集成到 HR 系统中。

2. 内部统筹配置

(1) 集成内容

由 HR 系统同步到人才招聘网站的信息范围包括：

序号	信息类别	信息项	备注
1	人员基本信息	姓名	
2		性别	
3		出生日期	
4		民族	
5		国籍	
6		出生地	省、地、市
7		户口所在地	
8		健康状况	
9		婚姻状况	
10	组织分配及岗位聘任	人员编号	
11		开始日期	
12		结束日期	
13		所在岗位	
14	学历及学位	入学日期	最高学历
15		毕业日期	
16		学历	
17		学位	
18		最高学历标识	
19		毕业院校及单位名称	
20		从学单位国别	
21		专业	
22		从学方式	
23		学制	
24	政治面貌	政治面貌	
25	行政党派职务信息	现任职务全称	主要职务
26	岗位聘任补充信息	从事专业名称	

续表

序号	信息类别	信息项	备注
27	证件信息	证件编号	身份证
28	专业技术资格信息	取得日期	最高最新职称
29		专业技术资格名称	
30	职业技能鉴定结果信息	取得日期	现工种最高等级
31		职业技能等级	
32		工种名称	
33	地址信息	联系地址	
34		邮政编码	
35	通讯信息	移动电话	
36		固定电话	
37	特殊日期记录	参加工作日期	
38	外语水平	类型	
39		语言	
40		语言水平等级或熟练程度	
41		外语考试种类及等级	
42		成绩(分数)	
43		参加外语考试日期	
44		听说能力级别	
45		听力成绩	
46		口语成绩	
47		读写能力级别	
48		阅读成绩	
49		翻译写作成绩	
50	员工培训信息	开始日期	
51		取得证书编号	
52		培训班名称	
53		培训主要内容及课程	
54	培训班属性	拟去国家(地区)	
55		办班地点类别-国内	
56		办班地点类别-国外	
57		办班地点	
58		主办单位	
59	工作经历	开始日期	
60		结束日期	
61		所在单位及部门名称	
62		从事工作及担任职务	

续表

序号	信息类别	信息项	备注
63	职业(上岗)资格证书信息	开始日期	
64		证书类型	
65		备注	
66	论文论著信息	开始日期	
67		论文、论著名称	
68		刊物名称及期次	
69		刊号、书号	
70		论文、论著作者身份	
71		刊物、论著出版机构	
72	专利信息	开始日期	
73		专利类别	
74		获专利名称	
75		专利号	
76		专利批准国家	
77		专利中的个人排名	
78	专业技术成果及获奖信息	成果类别	
79		成果名称	
80		获奖项目中担任角色	
81		成果水平	
82		奖励名称与等级类别	
83		奖励名称与等级	
84		获奖日期	
85		授奖单位	
86	专家称号信息	专家称号类别	
87		专家称号	
88		批准单位	
89		批准年度	
90	技能荣誉情况	技能荣誉等级	
91		技能荣誉名称	
92		授予单位名称	
93		开始日期	
94	奖惩(行政及党内)信息	奖惩类别名称	仅集成获奖信息
95		奖惩年度	
96		奖惩批准单位	
97		奖惩级别	

续表

序号	信息类别	信息项	备注
98	专长情况	专长专业类别	
99		专长主次序号	
100		专长说明	
101	家庭成员及社会关系	与本人关系	
102		成员姓名	
103		出生日期	
104		成员文化程度	
105		成员政治面貌	
106		成员工作单位及职务	

（2）集成方式

员工在内部统筹配置平台应聘岗位后，所在单位组织人事部门用户及时通过后台管理系统提取出需审核验证的人员，出具审核意见并在 HR 系统中选择应聘员工，将人员信息集成至内部统筹配置平台。

3.5　远程培训系统

中国石化远程培训系统是集团公司为强化全员培训，满足各层级人员培训需要而建设的远程培训信息系统，具有网络学习、培训管理、资源管理、考试测评等功能，集成了软硬件视频直播系统。

1. 集成内容

HR 系统将当前有效的机构、岗位及在岗人员的必要信息集成到远程培训系统中。主要信息包括：

（1）组织机构类

序号	信息类别	信息项	备注
1	对象（组织机构）	机构编码	
2		单位全称	
3		单位简称	
4	关系（组织机构）	隶属上级单位	
5	单位简化全称	单位简化全称	
6	基层单位特有属性	基层机构类别	
7	注册登记信息	虚机构标识	

续表

序号	信息类别	信息项	备注
8	组织机构分类属性	集团/股份标识	
9		所属板块	
10		事业部类别	
11		机构层次	
12		单位级别	
13		单位业务类别	
14		机关部门管理职能分类	
15	通讯地址	所在国家(地区)	
16		单位所在地	省、地、市
17		单位通讯地址	
18		单位邮政编码	
19		单位网址	

（2）岗位类

序号	信息类别	信息项	备注
1	对象(岗位)	岗位编码	
2		岗位名称	
3		隶属组织机构	
4	岗位分类信息	企业岗位分类	
5		所属专业类别	
6		所属工种	

（3）人员类

序号	信息类别	信息项	备注
1	人员基本信息	姓名	
2		姓名简拼	
3		性别	
4		出生日期	
5		国籍	
6		出生地	省、地、市
7		民族	
8		企业员工编号	
9		照片	
10	组织分配及岗位聘任	人员编号	
11		组织机构	
12		人员组	
13	国际化人才相关标识	国际化人才标识	

续表

序号	信息类别	信息项	备注
14	特殊日期记录	参加工作日期	
15	学历及学位信息	最高学历	最高学历、最高学位
16		最高学历标识	
17		所学专业类别	
18		所学专业	
19		入学日期	
20		毕业日期	
21		学制	
22		从学单位类别	
23		毕业学校及单位	
24		从学单位国别	
25		院校性质	
26		从学方式	
27		学位	
28		最高学位标识	
29		学位授予日期	
30	政治面貌信息	政治面貌	
31	证件信息	证件类型	身份证
32		证件编号	
33	通讯信息	移动电话	
34		电子邮件	
35	行政党派职务信息	职务名称	主要职务
36		职务级别	
37		主要职务标识	
38		领导人员管理层级	
39		职务类别	
40		任职属性	
41	岗位聘任情况	开始日期	
42		结束日期	
43		岗位名称	
44		岗位状态	
45		从事专业类别	
46		班组长标识	
47	从事职业(工种)情况	开始日期	
48		结束日期	
49		现职业(工种)	
50		职业技能鉴定范围标识	

续表

序号	信息类别	信息项	备注
51	专业技术职务任职资格情况	专业技术资格名称	
52		专业技术资格等级	
53		取得日期	
54	职业技能鉴定情况	鉴定职业(工种)	
55		职业技能等级	
56		取得日期	
57	语言能力信息	语种	
58		语言水平等级或熟练程度	

远程培训系统将员工已完成的远程培训信息集成到 HR 系统中，信息范围包括：

序号	信息类别	信息项	备注
1	员工参加远程教育情况	开始日期	
2		结束日期	
3		远程培训班编号	
4		远程培训班名称	
5		课程编码	
6		课程名称	
7		远程学习形式	
8		远程学习课时数	
9		远程学习学分	
10		远程学习结果	

2. 集成方式

根据远程培训系统对数据的应用需求，HR 系统不定期向远程培训系统同步机构、岗位、人员信息的全量数据。

远程培训系统向 HR 系统每日集成一次远程培训信息的增量数据。

3.6 费用报销管理系统

费用报销管理系统是在财务共享服务统一框架下，为实现总部及下属企业报销业务处理的标准化、制度化、自动化、集成化、影像化，避免报销管理漏洞，提升费用管控能力，带动和促进管理水平不断提升而建立的集中部署、统一管理的信息系统。

1. 集成内容

HR 系统将当前有效的所有机构、岗位、人员的必要信息集成到费用报销管理系统中，信息范围包括：

（1）组织机构类

序号	信息类别	信息项	备注
1	对象(组织机构)	机构编码	
2		单位全称	
3		单位简称	
4	关系(组织机构)	隶属上级单位	
5		排序码	
6	单位简化全称	单位简化全称	
7	注册登记信息	虚机构标识	
8	组织机构分类属性	集团/股份标识	
9		所属板块	
10		事业部类别	
11		机构层次	
12	科目设置特性	公司代码	
13		成本中心	

（2）岗位类

序号	信息类别	信息项	备注
1	对象(岗位)	岗位编码	
2		岗位名称	
3		隶属组织机构	
4	关系(岗位)	排序码	

（3）人员类

序号	信息类别	信息项	备注
1	人员基本信息	开始日期	
2		结束日期	
3		人员编号	
4		姓名	
5		性别	
6		个人身份	
7	员工组织分配信息	人员编号	
8		开始日期	
9		结束日期	
10		组织机构	
11		人事范围	
12		人事子范围	
13		人员组	
14		人员子组	
15		主成本中心	
16		所在岗位	

续表

序号	信息类别	信息项	备注
17	证件信息	证件编号	身份证
18	行政党派职务信息	职务级别	主要职务
19	获得专家称号情况	专业人才及奖励类别	
20		专家称号	
21	专业技术资格信息	专业技术资格等级	最高最新等级
22	技能荣誉情况	技能人才及奖励类别	
23	职业技能鉴定情况	职业技能等级	现工种最高等级
24	银行账号信息	收款人	月工资主要银行
25		银行代码	
26		银行账号	
27		银行国家	
28		支付币种	
29	通讯信息	人员编号	
30		工作电话	
31		移动电话	
32		电子邮件	
33	人事事件	人员编号	
34		开始日期	
35		结束日期	
36		事件类型	
37		事件原因	
38		岗位状态	
39		雇佣状态	

2. 集成方式

HR 系统向费用报销管理系统每日集成一次增量数据。

3.7 高层领导人员管理信息系统(HRP)

1. 集成内容

HR 系统将现职高层领导人员、高层副职后备人员、国际化后备人员及高层领导班子机构等信息集成到高层领导人员管理信息系统(HRP)中，信息范围包括：

(1) 现职高层领导人员信息

序号	信息类别	备注
1	兼任职务信息	
2	社会(学术)团体任职信息	

续表

序号	信息类别	备注
3	语言能力信息	语言能力描述
4	专长情况	
5	奖惩信息(行政及党内)	
6	证件信息	
7	专业技术成果及获奖信息	
8	论文、论著信息	
9	获得专家称号情况	
10	专业技术职务信息	
11	员工参加培训信息	
12	家庭成员及社会关系信息	
13	住址通讯信息	

（2）高层副职后备、国际化后备人员信息

序号	信息类别	备注
1	人员基本信息	
2	学历及学位信息	
3	政治面貌信息	
4	简历信息	
5	行政、党派职务信息	
6	兼任职务信息	
7	社会(学术)团体任职信息	
8	语言能力信息	
9	专长情况	
10	奖惩信息(行政及党内)	
11	证件信息	
12	专业技术成果及获奖信息	
13	论文、论著信息	
14	获得专家称号情况	
15	专业技术职务信息	
16	员工参加培训信息	

（3）高层领导班子机构信息

序号	信息类别	备注
1	机构基本信息	
2	机构分类属性	

续表

序号	信息类别	备注
3	领导班子信息	
4	注册登记信息	
5	通讯地址	
6	班子分工	
7	党组织换届情况	
8	董事会/监事会换届情况	
9	工会换届情况	
10	民主生活会	
11	中心组学习	
12	职代会民主评议领导班子	

高层领导人员管理信息系统(HRP)将现职高层领导人员的信息集成到HR系统中，信息范围包括：

序号	信息类别	备注
1	人员基本信息	
2	学历及学位信息	
3	政治面貌信息	
4	简历信息	
5	行政、党派职务信息	当前职务

2. 集成方式

现职高层领导人员职务信息变动时，由总部手工将HR系统和高层领导人员管理信息系统(HRP)的数据进行交互更新。

高层副职后备人员、国际化后备人员、高层领导班子机构信息，根据业务需要，手工将HR系统中的信息同步到高层领导人员管理信息系统(HRP)中。

集成操作参照《领导人员及人才队伍管理》分册第2章2.3HRP系统向HR系统同步信息、2.4HR系统向HRP系统同步信息。

3.8 安全管理信息系统

中国石化安全管理信息系统是集团公司为实现安全管理的信息化、标准化和流程化，全面提升安全诊断、风险防控能力而建立的安全管理信息系统。主要包含教育培训、风险管理、隐患管理、承包商管理、三同时管理等业务模块。

1. 集成内容

HR系统将当前有效的机构及各类国内用工的必要信息集成到安全管理信息系统中，信息范围包括：

(1) 组织机构类

序号	信息类别	信息项	备注
1	对象(组织机构)	机构编码	
2		单位简称	
3	关系(组织机构)	相关对象标识	上级组织机构编码
4		机构排序码	
5	组织机构分类属性	机构层次	
6		集团股份标识	

(2) 人员类

序号	信息类别	信息项	备注
1	人员基本信息	姓名	
2		性别	
3		出生日期	
4	组织分配	人员编号	
5		组织机构	
6		职务(岗位)具体名称	
7		人员组	
8	证件信息	身份证号	
9	特殊日期记录	参加工作日期	
10	行政党派职务信息	职务级别	
11		现任职务全称	
12	从事工种情况	职业(工种)类别	
13		职业(工种)	
14		工种名称	
15	人事事件	人员编号	通过返聘结束/离退休/在职人员减册/劳务派遣工退回/结束借入等事件，调整为离退休人员、减册人员
16		开始日期	
17		事件类型	
18		人员组	

2. 集成方式

HR 系统向安全管理信息系统每月集成一次全量数据。